中国航天科工集团有限公司
庆祝中国共产党成立100周年纪念文集

U0801743

永远跟党走

——中国航天事业的65年

本书编委会　编著

中国宇航出版社
·北京·

图书在版编目（CIP）数据

永远跟党走：中国航天事业的65年 / 本书编委会编著. --北京：中国宇航出版社，2021.12

ISBN 978-7-5159-1986-7

Ⅰ. ①永… Ⅱ. ①本… Ⅲ. ①航天工业—发展史—中国 Ⅳ. ①F426.5

中国版本图书馆CIP数据核字(2021)第279418号

责任编辑　王杰琼　　　**装帧设计**　易美优创

出　版
发　行　中国宇航出版社

社　址　北京市阜成路8号　**邮　编**　100830
(010)60286808　　(010)68768548
网　址　www.caphbook.com
经　销　新华书店
发行部　(010)60286888　　(010)68371900
(010)60286887　　(010)60286804(传真)
零售店　读者服务部
(010)68371105
承　印　北京中科印刷有限公司

版　次　2021年12月第1版
2021年12月第1次印刷
规　格　787×960
开　本　1/16
印　张　21
字　数　254千字
书　号　ISBN 978-7-5159-1986-7
定　价　50.00元

本书如有印装质量问题，可与发行部联系调换

前　言

中华神剑，兵之利器，民之卫士，国之重器！

今年，是中国共产党成立100周年，是中国航天事业创建65周年。65年来，中国航天事业从白手起家到开创“两弹一星”的丰功伟绩，再到成长为我国国防科技工业的中坚力量，已成为航天强国建设和国防武器装备建设的主力军，国家战略科技力量的重要支撑，中国工业信息化发展的领军企业。“东风”劲吹、“红旗”招展、“巨浪”腾飞、“鹰击”长空、“长剑”啸天……一系列国之重器为中华民族从站起来、富起来到强起来提供了重要战略支撑，中国航天走出了一条具有中国特色的自主创新、自立自强之路。一代又一代的航天人不断攻破一项项“卡脖子”技术，把铸造中华神剑的主动权牢牢掌握在我们自己手中，用智慧和汗水谱写了“科技强军、航天报国”的壮丽篇章。

历史和实践证明，一个强国的发展始终离不开强大科学技术的支撑，关键核心技术永远是要不来、买不来的，最终只能靠自己去探索、去攻克。当前，我国正处在“两个一百年”奋斗目标历史交汇的关键节点，处在高质量发展航天事业、加快建设航天强国的重要时期。新时代加快建设航天强国，必须立足新发展阶段，完整、准确、全面贯彻新发展理念，服务和融入新发展格局，以推动航天事业高质量发展为主题，在危机中育先机、于变局中开新局，打造国防和军队现代化建设的坚强基石，成为国家战略科技力量的重要支撑和关键核心技术攻关的国家队，争当重大原创技术的“策源地”、航天现代产业链的“链长”。中国航天事业肩负着推动国防现代化建设进程、科技强军、振国威、扬军威的神圣使命。航天的有志之士在实现中华民族伟大复兴的新征程上，不断创造新辉煌、书写新篇章，当好航天事业传人，为航天强国再立新功。

百年征程波澜壮阔，百年初心历久弥坚。在探索浩瀚宇宙的征程中，中国航天人砥砺了勇攀高峰的勇气，树立了协同攻坚的观念，孕育了卓越奉献的精神。一代代航天人视祖国的航天事业为生命，不计个人得失，不求名利地位，献出青春年华、聪明才智和热血汗水。他们高尚的人格和感人的事迹，鼓舞和激励了一代又一代中国人。中国航天科工集团有限公司组织编写的《永远跟党走——中国航天事业的65年》，忠实地记录了航天科工人为国铸剑、强军报国的事迹，讲述了中国航天人爱党爱国、矢志航天的博大情怀，以及激情澎湃的年代，航天人艰苦奋斗、勇攀高峰的精神，见证了中国航天事业筚路蓝缕、宏伟壮丽的奋斗历程和破茧成蝶、辉煌灿烂的业绩功勋。

艰难困苦，玉汝于成。透过一个个攻坚克难的真实故事，我们重现了航天人艰难探索之路，以国为重、成就梦想的行动，夜以继日、矢志拼搏的汗水，爱岗敬业、严慎细实的作风，不屈不挠、含泪奔跑的执著……展现出一幅幅航天人团结奋斗、共闯难关的生动画面，谱写出一首首无私奉献、科技强军的时代赞歌，塑造出一个个有血有肉、熠熠生辉的感人形象。新时代是奋斗者的时代，中国航天人对航天事业的孜孜以求，让中国航天事业不断攀上新的高峰。这些新时代的奋斗者，把青春和热血都献给了祖国的航天事业，也激励着我们不断奋发进取。

进入新时代，中国航天事业肩负着新的更大使命、面临着新的严峻考验。我们要把砥砺奋进的过去、日新月异的现在、光明锦绣的未来贯通起来，在饮水思源中凝神聚魂，从航天精神中汲取经验启示、信心动力和智慧力量，在以史为鉴中开创未来。相信广大读者一定能从本书中汲取宝贵的精神营养，获得有益的感悟和启迪，坚定航天报国志向，坚定航天强国信念，立足掌握关键核心技术，争当新时代建设航天强国的奋斗者、攀登者、引领者，为实现航天梦、强军梦、中国梦作出新的更大贡献！

本书编委会

2021 年 12 月

目　录

理论研究篇：百年征程　矢志报国

成就综述篇：薪火传承　为国铸剑

发展故事篇：感悟初心　奋勇前行

理论研究篇

百年征程　矢志报国

履行强军使命 建设航天强国
为实现中华民族伟大复兴贡献更大力量

中国航天科工集团有限公司党组

今年是伟大的中国共产党成立100周年、中华人民共和国成立72周年，也是我国航天事业创建65周年。65年来，在党中央坚强领导下，中国航天事业实现了从无到有、从小到大、由大到强的跨越发展，取得了一系列举世瞩目的辉煌成就，造就了一支高素质科技人才队伍，积淀了深厚博大的航天精神，为中华民族实现从站起来、富起来到强起来的伟大飞跃提供了重要战略支撑。

一、深刻认识党领导中国航天事业接续奋斗65年来创造的辉煌成就

中国共产党领导和开创了中国航天事业，为航天事业根植了姓党为党的红色基因血脉。65年来，中国航天始终坚持以党的旗帜为旗帜，以党的方向为方向，以党的意志为意志，走过了一条强军报国的艰辛之路、奋斗之路、光辉之路，谱写了我国航天事业发展的壮美篇章。

（一）党中央高瞻远瞩、英明决策，领导开辟了中国航天事业从无到有新纪元

新中国成立之初，我国正处于百废待兴、百业待举的起步时期，朝鲜战争的战火就烧到鸭绿江边，新生的共和国经济被封锁、物资遭禁运、领土被侵犯、遭受核讹诈。以毛泽东同志为核心的党中央以长远的眼光和非凡的气魄，果断作出研制导弹、原子弹和人造地球卫星，发展尖端武器的伟大战略性决策。1956年10月8日，国防部第五研究院成立，满怀着信念、嘱托和梦想，中国航天事业毅然起航。面对当时国内技术落后、基础薄弱的困难条件，党中央组织动员和调配全国范围的物资和技术人员，统一目标，协同攻关。在党中央的号召下，以聂荣臻、张爱萍等同志为代表的一大批久经战火考验的解放军指战员和以钱学森同志为代表的一批至诚报国的科学家，加入并组建起中国航天奠基和发展大军。

国防部第五研究院创建之初，党中央确定了“两弹为主，导弹第一”的发展方针。1960年7月，我国导弹研制任务进入决战阶段，中苏关系紧张，苏联撤走全部专家。毛泽东同志明确指示：“要下决心搞尖端技术，尖端不能放松，更不能下马。”党中央果断实施“自力更生为主、争取外援为辅”的科技方针，集中26个部委、20个省区市、1400多家单位的科技人员大力协同、集智攻关。技术断援后仅3个月，在祖国的地平线上，飞起了由我国制造的第一枚导弹“东风一号”，粉碎了帝国主义“中国的导弹永远上不了天”的妄想，“争气弹”打出了中国航

天的希望。

1964 年 6 月 29 日，我国自主研制的“东风二号”导弹试飞成功。1964 年 10 月 16 日，罗布泊上空腾起了一朵巨大的蘑菇云，我国第一颗原子弹成功爆炸。1966 年 10 月 27 日，中近程导弹“东风二号甲”完成两弹结合，核爆试验成功，打破了核大国的技术垄断。1967 年，我国自主研制的防空导弹红旗二号定型列装，成功击落美制 U-2 高空侦察机，使入侵者再不敢进犯我大陆领空。1970 年 4 月 24 日，我国第一颗人造地球卫星发射成功，揭开了中国进入外层空间的序幕。“两弹一星”工程取得伟大胜利，从根本上改善了国家的安全环境，奠定了我国在国际舞台上的话语权和在国际事务中的重要地位。

（二）党中央运筹帷幄、科学领导，推动中国航天事业从小到大创新发展

党的十一届三中全会作出把党和国家工作重心转移到经济建设上来、实施改革开放的历史性决策。步入改革开放新时期，中国航天事业逐步实现了从导弹工业到航天产业、从国防安全向富国强军、从传统封闭模式向开放融合模式的历史跨越。党中央对国防工业提出“军民结合、平战结合、军品优先、以民养军”的方针，同时着眼长远作出跟踪发展世界战略性高技术的部署，将航天技术列为重要发展领域。航天系统进行了全面改革，逐步确立以经济建设为中心的工作格局，科研生产秩序走上正轨。1980 年，洲际导弹东风五号全程飞行试验成功；1982 年，潜地导弹巨浪一号水下发射成功，标志着我国具备了

二次核打击能力。

1999年5月，美国悍然轰炸我驻南斯拉夫大使馆，再次警醒国人“落后就要挨打”。党中央在经济持续快速发展的基础上，增加了对国防和军队建设的投入，作出了加快国防武器装备建设的历史性决策，组织实施重大科技工程，一大批填补空白、开创先河、满足急需的导弹装备应运而生，为我军武器装备现代化建设奠定了新的重要基础。一批重要科学前沿和战略必争领域取得重大自主创新成果，发挥了巨大的创新溢出效应，推动了国民经济建设和社会发展。1999年7月，航天工业总公司改组为两大航天集团，建立起了政企分开、产研结合、适度竞争的新体制。

在党中央的坚强领导下，航天科工积极投身我国改革开放伟大实践，全面融入市场经济运行体系，全面提升核心竞争力、科技创新力和社会影响力，连续多年保持快速发展，从刚成立时的亏损面超80%，逐步走向全面脱困，并发展成为我国导弹工业的主导力量，走出了一条符合中国国情的航天发展之路。鼎力支撑载人航天、探月工程等国家重大工程成功实施，大力推进航天动力、航天电子、航天材料和航天制造等优势技术转化应用和产业链延伸。积极投身国民经济建设主战场，重点围绕国家战略性新兴产业方向，服务国计民生，防伪税控系统为税收征管保驾护航，安保系统保障“平安奥运”“平安世博”“平安亚运”，航天技术打造的奥运火炬在世界第三极成功点燃，辉映全球；重型特种车、电力装备等产品远销海外，高端装备制造、现代服务业等快速发展，取得了良好的经济效益和社会效益。

（三）党中央立足大局、统揽全局，推动中国航天事业由大向强新跨越

党的十八大以来，中国特色社会主义进入新时代，“探索浩瀚宇宙，发展航天事业，建设航天强国，是我们不懈追求的航天梦。”习近平总书记站在实现“两个一百年”奋斗目标的战略全局，擘画中国航天事业跨越发展的宏伟蓝图，开启了建设航天强国的伟大征程。

进入新时代，在习近平强军思想的指引下，中国航天聚焦2027年建军百年战略目标，认真履行强军首责，大力推进国家重大工程、重大专项和重点型号任务实施，特别是“东风”“红旗”“鹰击”“长剑”等多个系列化产品不断取得新的突破，强有力支撑了国防高技术装备成建制、成系统形成体系化作战能力和保障能力，构筑起我国陆、海、空、天、网一体的攻防装备体系。航天科工30余型装备威武亮相“9·3”阅兵、建军90周年沙场阅兵、国庆70周年阅兵，振国威、扬军威，有力支撑了世界一流军队建设。

进入新时代，中国航天取得了重大武器装备研发、关键技术突破以及月球采样返回、北斗组网运行、空间站核心舱发射、航天器成功着陆火星等一系列具有里程碑意义的历史性成就。航天科工始终坚持自主创新，保持每年投入科技创新经费占营业收入比重10%以上的强度，掌握了一批具有自主知识产权的关键核心技术。近年来5次摘得国家科学技术进步奖特等奖，获得中国专利金奖2项，累计获得有效专利3.1万余项，若干

领域实现从“跟跑”向“并跑”“领跑”转变，引领带动了自动控制、计算机、电子信息、精密制造、新材料、新能源等领域高新技术的快速发展，为国家科技水平的进步与全面提升提供了重要动力。

进入新时代，航天科工持续开展高水平国际交流与合作，积极参与和服务“一带一路”建设。勇敢扛起商业航天发展大旗，快舟固体火箭形成常态化发射能力，创造了国内发射时间间隔最短纪录。成功发射天鲲一号、低轨宽带通信技术验证星、行云工程双星并完成相关技术验证。高速飞车项目全尺寸试验线工程在山西大同开工建设。肯尼亚电力传输项目列入“一带一路”建设重大项目库。港澳地区出入境管制系统项目服务粤港澳大湾区建设。智能制造对德合作进入两国政府间合作框架，形成工业互联网多领域全方位国际合作新格局。

二、深刻把握党领导中国航天事业创新发展取得的弥足珍贵的经验启示

65 年来，在历尽艰辛、饱经风雨的长期探索实践中，中国航天始终把党和人民放在最高位置，坚定做党和国家最可信赖的依靠力量，积极探索中国特色的科技自立自强之路，积累了许多宝贵经验和精神财富，为新时代发展航天事业、建设航天强国，奋力谱写高质量发展新篇章增强了勇气、底气、信心。

坚持党的全面领导，坚定不移听党话、跟党走，是航天事业高质量发展的根本保证。65 年来，党和国家历届领导人始终

高度重视并大力支持航天事业发展。特别是党的十八大以来，习近平总书记充分肯定航天事业发展成就，亲切关怀航天科研队伍。每逢重大试验成功、每遇重大科技突破，习近平总书记都作出重要指示批示。从提出航天梦、强军梦，到设立“中国航天日”，从概括探月精神、新时代北斗精神，到提出伟大建党精神，习近平总书记的系列重要讲话，为推动航天事业高质量发展指明了前进方向、提供了根本遵循、注入了强大动力。实践证明，党的坚强领导是发展航天事业的制胜法宝，是建设航天强国的最大政治优势，也是实现航天梦、强军梦、中国梦的根本保证。新时代加快建设航天强国，必须始终坚持党的领导、加强党的建设，认真贯彻落实新时代党的建设总要求和新时代党的组织路线，把“两个维护”体现到谋划重大战略、制定重大政策、部署重大任务、推进重大工作的实践中，确保我国航天事业始终沿着党中央指引的方向奋勇前进。

坚持大力协同，发挥举国体制优势，是航天事业高质量发展的基本方略。从“两弹一星”到载人航天，从探月工程到火星探测，65 年来，举国体制、大力协同始终贯穿于中国航天事业发展全过程。“两弹一星”时期，中央专委根据毛泽东同志的指示精神，全国、全军一盘棋，在人力、物力、财力等方面进行统一调度，组织了全国大协作，解决了研制中遇到的 100 多个重大问题，安排了尖端武器所需的特殊材料、部件和配套产品等 2 万余项的研制生产任务，大大加快了研制的步伐。航天工程具有系统复杂、技术密集、风险性大、研制周期长等特点，航天事业的成功是全国大力协同、密切配合、攻坚克难的结果。

新时代加快建设航天强国，必须毫不动摇坚定制度自信，更加注重发挥社会主义市场经济条件下新型举国体制优势，充分发挥市场机制作用，激发各方面科技力量创新活力，切实把社会主义制度优势转化为中国航天发展优势。

坚持自力更生、自主创新，加快科技自立自强，是航天事业高质量发展的内生动力。中国航天事业发展历史，就是一部不断突破、不断超越的自主创新史。65 年来，中国航天走出了从仿制改型到自行设计再到自主创新的发展之路，掌握了一大批具有自主知识产权的核心关键技术，创造了我国国防武器装备建设史上一个又一个填补空白的“第一”。进入新时代，以习近平同志为核心的党中央把科技自立自强摆在国家发展全局的核心位置，深入实施创新驱动发展战略，以前所未有的力度强化国家战略科技力量，科技创新水平取得长足进步。实践证明，自力更生是中国航天事业创建发展的基因禀赋，自主创新是中国航天事业发展壮大的成功密码，自立自强是中国航天事业跨越腾飞的必然路径。新时代加快建设航天强国，必须坚定不移地把科技自立自强作为航天事业发展的战略支撑，把自主创新摆在建设航天强国更加重要的战略位置，瞄准世界科技前沿，实现前瞻性基础研究、引领性原创成果重大突破，坚决把中国航天事业发展的主动权牢牢掌握在自己手中。

坚持系统观念，创新实施航天系统工程管理思想，是航天事业高质量发展的制胜法宝。65 年来，中国航天在钱学森等的倡导下，首创提出和成功实践了航天系统工程方法，科学构建协调高效的“两总”系统，形成了科学严谨的系统工程决策体系、以项目管理为抓手的组织体系、以工程总体设计部为龙头的技术体系、以质量管理为基础的产品保证体系、以凝心聚力为导向的思想政治工作保障体系，有力保证了航天重大工程任务的圆满成功，建立了探索一代、预研一代、研制一代、批产一代的“四个一代”协调发展格局。实践证明，越是关系国民经济命脉和国家安全的重大科技与建设项目，越要实施严格的科学管理，越要狠抓质量，只有这样才能确保万无一失。新时代加快建设航天强国，必须坚持系统观念，牢固树立全员“零缺陷”质量意识，加强前瞻性思考、全局性谋划、战略性布局、整体性推进，坚持党的集中统一领导，调动和发挥各分系统、各单位、各部门的积极性，全面提升武器装备高质量生产保障能力，更好服务国防和军队现代化。

坚持人才强企，充分激发和调动干部职工群众的积极性、主动性和创造性，是航天事业高质量发展的关键所在。千秋基业，人才为本。65 年来，从经历革命战争考验的领导干部，学成归国、技术精湛的专家学者，到新时代投身航天事业的青年才俊，航天战线上始终战斗着一支爱国奉献、勇于创新的优秀干部人才队伍，这是我们的力量之基、活力之源。中国航天始终坚持人才为第一资源，大力实施人才强企战略，聚焦“高精尖缺”领域，注重与重大工程、型号任务需求精准对接，持续加强型号“两总”队伍建设，着力培养造就了一大批适应加快建设航天强国需要的战略科技人才、科技领军人才、高级技能人才和高水平创新团队。实践证明，人才强则事业强。科学技术的竞争，归根结底是知识和人才的竞争，人才的高度就是事业的高度，只有坚持尊重知识和尊重人才，才能牢牢掌握事业发展的战略主动。新时代加快建设航天强国，必须坚持党管干部、党管人才，聚焦经济社会发展和国防建设、一流军队建设的需要，全方位培养、引进、用好人才，加快建设世界一流的人才中心和创新高地，为2035年建成世界一流航天防务集团公司提供人才支撑，为全面建成世界一流航天防务集团公司打好人才基础。

坚持文化引领，传承和发扬航天精神，是航天事业高质量发展的精神支柱。65年来，中国航天人依靠自己的力量，刻苦钻研，集智攻关，走出了一条具有鲜明中国特色的航天事业发展道路，积淀了深厚博大的航天精神，涌现出钱学森、任新民、屠守锷、黄纬禄、梁守槃、孙家栋、陈定昌等一批批时代先锋和航天英模，在不同时代铸就了航天传统精神、“两弹一星”精神、载人航天精神，与党的十八大以来铸就的探月精神、新时代北斗精神等一道，成为推动中国航天事业创新发展最基本、最深沉、最持久的精神力量。同时，作为中国共产党人精神谱系的重要组成，这些伟大精神必将为实现中华民族伟大复兴凝聚起奋勇前进的强大精神力量。实践证明，航天精神是伟大建党精神在中国航天的鲜明表达，是红色基因的时代传承，是社会主义核心价值观的生动体现，是我们党和国家的宝贵精神财富，是中国航天事业持续发展的思想支撑、精神动力和文化源泉。新时代加快建设航天强国，必须大力弘扬伟大建党精神，传承航天精神，将航天人许党报国、奉献人民的爱国情怀，自力更生、艰苦奋斗的实干本色，大力协同、勇攀高峰的科学精神融入新征程的伟大实践中，以“赶考”的清醒，认真答好建设航天强国的新时代答卷。

三、在党的领导下奋斗新时代、奋进新征程，加快建成世界一流航天防务集团公司

志之所趋，无远弗届。中华民族正以不可阻挡的步伐迈向伟大复兴，党中央对新时代建设航天强国寄予厚望、赋予了新的更大使命。航天科工必须坚决履行好“科技强军、航天报国”神圣使命，将对党、对国家、对人民的无限忠诚镌绣在旗帜上，体现到行动中，为实现中华民族伟大复兴再立新功。

坚持党的领导，加强党的建设，强化党的创新理论武装，以高质量党建引领保障航天事业高质量发展。中国航天 65 年发展史是一部在党的领导下的艰辛创业奋斗史，新时代建设航天强国的每一步仍将与党和国家的前途命运紧紧相连。航天科工必须坚持党的全面领导，坚决把学习贯彻习近平总书记重要讲话和指示批示精神作为党组（党委）“第一议题”，落实“第一责任”，以党的创新理论滋养初心、引领使命。发挥好党组（党委）把方向、管大局、促落实的领导作用，增强“四个意识”、坚定“四个自信”、做到“两个维护”，主动肩负起党和人民赋予的历史重任。推进党的领导和党的建设与科研生产经营管理各项工作全方位、全过程深度融合，把基层党组织建设成为实现党的领导、加快建设航天强国的坚强战斗堡垒。

牢记“科技强军，航天报国”使命，全力抓好航天防务基

业，履行强军首责。中国航天 65 年发展史是一部在党的领导下的科技强军奋斗史，新时代建设航天强国必须建强装备，支撑国防和军队现代化。航天科工处于关系国家安全、铸牢国防基石的关键领域，必须深入贯彻习近平强军思想，贯彻新时代军事战略方针，聚焦建军百年奋斗目标，持续优化科研生产管理体系，加速科研生产数字化转型，有力支撑型号装备高质量、高速度、高效益、低成本发展。构建新时代装备建设质量管理体系，深化全员“零缺陷”质量意识。着力打造适应国际安全新形势、竞争新态势的装备体系和能力体系，为捍卫国家主权、安全、发展利益提供先进的技术基础、物质保障和强有力的导弹武器装备战略支撑。

坚持创新驱动发展，把关键核心技术的“命门”牢牢掌握在自己手上。中国航天 65 年发展史是一部在党的领导下的自主创新史，新时代建设航天强国必须全面持续提升科技创新能力，加快科技自立自强。航天科工要加强关键核心技术攻关，推进优势专业重组和资源整合，坚决突破受制于人的“卡脖子”技术和薄弱环节，努力实现核心技术和关键产品的自主可控，把发展主动权牢牢掌握在自己手中。强化高水平科技创新平台建设，牵头整合集聚创新资源，形成跨领域、大协作、高强度的创新攻关联合体。落实科技自立自强行动纲要，加强关键核心技术攻关，奋力打造原创技术“策源地”，培育现代产业链“链长”。

增强系统观念，强化战略引领，充分发挥新型举国体制优势。中国航天 65 年发展史是一部在党的领导下的改革自强史，新时代建设航天强国必须坚持战略引领，加快建成世界一流航天防务集团公司。航天科工要坚持系统观念，强化战略引领，围绕建设世界一流航天防务集团公司“一个目标三步走”战略目标和“1+4”发展战略，扎实推进“十四五”规划落地实施，增强战略规划的引领性、有效性、严肃性，提高约束力。深入实施改革三年行动，积极稳妥推进内部资源整合和专业化重组。聚焦产业化发展与协同发展，打造若干有行业影响力的产业集群和“专精特新”支柱产业。坚持合作共赢，在共建“一带一路”、扩大高水平对外开放等方面主动担当、积极作为，努力成为国内国际双循环重要节点枢纽。

坚持人才强企，坚持党管干部、党管人才原则，建设德才兼备的干部人才队伍。中国航天 65 年发展史是一部在党的领导下一代代航天人的接续奋斗史，新时代建设航天强国必须坚持“人才是第一资源”，打造具有国际竞争力的高素质人才队伍。航天科工要认真贯彻中央人才工作会议精神，落实新时代人才强国战略，推进人才强企战略实施，发挥航天防务领域国家队作用，完善“引进、培养、使用、评价、流动、激励”人才机制，加强专家人才培养和创新领域复合型人才队伍建设。建立“素质培养、知事识人、选拔任用、从严管理、正向激励”干部体系，树牢重实干、重实绩、重担当的用人导向。实施人才专项工程，着力加强型号“两总”、质量管理、数字化、标准化等高层次、复合型技术管理人才建设，把培育国家战略人才力量的政策重心放在青年科技人才上，支持青年人才挑大梁、当主角，激发各类人才的活力和潜能，锻造一支想干事、能干事、干成事的人才队伍。

弘扬伟大建党精神，传承航天精神，凝聚奋斗新时代新征程的磅礴力量。中国航天 65 年发展史是一部在党的领导下的航天精神传承史，新时代建设航天强国必须继续在伟大事业中孕育伟大精神，以伟大精神引领伟大事业。航天科工要弘扬优良传统，赓续红色血脉，将航天精神融入企业发展理念，贯穿到科研生产、经营管理等各领域各环节，推动航天精神与航天工程实践紧密结合。加强和改进新时代思想政治工作，发挥好思想政治保障体系作用，聚焦职工群众急难愁盼问题，推动“我为群众办实事”实践活动落地见效。面向全社会弘扬航天精神，广泛搭建航天精神宣讲平台，用航天精神激励人、教育人、塑造人，传递催人奋进的正能量。积极履行社会责任，发挥航天高技术优势，推动巩固拓展脱贫攻坚成效与乡村振兴有效衔接。

伟大的事业始于梦想、基于创新、成于实干。开启第二个百年奋斗目标新征程，中国航天科工将以习近平新时代中国特色社会主义思想为指导，增强“四个意识”，坚定“四个自信”，做到“两个维护”，胸怀“两个大局”，心系“国之大者”，锚定建设世界一流航天防务集团公司战略目标，抢抓机遇、开拓创新、奋勇前进，为全面建设社会主义现代化国家再建功立业，为党和人民争取更大光荣。

加快建设航天强国

袁　洁

探索浩瀚宇宙，发展航天事业，建设航天强国，是我们不懈追求的航天梦。今年 5 月 15 日，我国首次火星探测任务着陆火星取得成功，习近平总书记在贺电中强调，要“坚持科技自立自强”“加快建设航天强国”。习近平总书记把航天梦作为中国梦的重要组成部分，把建设航天强国作为建设创新型国家的重要目标，把加快航天强国建设作为加强自主创新能力、加快科技自立自强的重要内容，提出了一系列新思想、新观点、新论断，为新时代发展航天事业把舵领航，为加快建设航天强国擘画宏伟蓝图。

一、深刻领会习近平总书记关于建设航天强国重要论述的核心要义

党的十八大以来，习近平总书记高度重视航天事业的发展，发表了一系列重要讲话，作出了一系列重要指示批示，从战略上亲自谋划，从实践上亲自部署，大力推动航天和国防领域重大项目和重大工程，为发展航天事业、建设航天强国指明了前

进方向。习近平总书记围绕建设航天强国发表的一系列重要论述，高屋建瓴、内涵丰富、思想深邃，阐明了建设航天强国的重大意义，明确了建设航天强国的主要任务，是新时代加快发展航天事业、建设航天强国的根本遵循。

党对航天事业的坚强领导是建设航天强国的最大政治优势。习近平总书记强调，中国特色社会主义最本质的特征是中国共产党领导，中国特色社会主义制度的最大优势是中国共产党领导。中国航天事业是在党中央的直接决策、指挥和推动下建立起来的。实践证明，党的坚强领导是发展航天事业的制胜法宝，是建设航天强国的最大政治优势，也是实现中国梦、强军梦、航天梦的根本保证。进入新时代，习近平总书记对航天事业高度重视、特别关爱，明确提出建设航天强国的宏伟目标，提出加快建设航天强国的时代要求，每有重大飞行试验成功、每遇重大科技突破，都作出重要指示批示，多次亲切会见航天重大任务参研参试人员代表，多次深入航天科研生产发射基地一线考察视察，与航天科技工作者面对面交流、提出殷切期望。新时代航天人要全面贯彻落实党中央对航天事业发展的决策部署，站在实现中华民族伟大复兴中国梦这个伟大目标的战略高度，义无反顾地肩负起建设航天强国的历史使命。

履行强军首责是建设航天强国的核心要求。习近平总书记强调，强国必须强军，军强才能国安。武器装备是军队现代化的重要标志，是军事斗争准备的重要基础，是国家安全和民族复兴的重要支撑，是国际战略博弈的重要砝码。中国航天为国防而生，科技强军、航天报国是航天事业与生俱来的基因与使命。实践证明，航天强国首先要装备强，国防装备现代化是牵引中国航天自主发展和创新超越的最大动力，为国家安全提供先进航天防务装备和高科技产品是建设航天强国的核心要求。进入新时代，习近平总书记着眼于加快国防和军队现代化，实现富国和强军相统一，始终把国防科技发展作为基础性、引领性的战略工程，要求加快武器装备现代化，聚力国防科技自主创新、原始创新，加速武器装备升级换代和智能化武器装备发展，对建设航天强国提出了新的更高要求。新时代航天人要瞄准世界军事科技前沿，高质量地完成武器装备研制生产与保障任务，为军队“能打仗、打胜仗”提供有用、好用、管用的高科技装备，有力支撑世界一流军队建设，筑牢建设社会主义现代化国家的安全基石。

加强自主创新是建设航天强国的强大动力。习近平总书记强调，航天科技是科技进步和创新的重要领域，航天科技成就是国家科技水平和科技能力的重要标志。中国航天事业发展史，就是一部不断突破、不断超越的自主创新史。经过几代航天人的接续奋斗，中国航天事业在党中央的坚强领导下，从白手起家开创“两弹一星”的丰功伟绩，到成功开展载人航天、月球探测、北斗导航和重大武器装备建设工程，创造了一个又一个填补国内空白的“第一”，取得了彪炳史册的辉煌成就，走出了一条自力更生、艰苦奋斗、具有中国特色的自主创新之路。实践证明，航天技术是尖端核心技术，真正的核心关键技术是花钱买不来的，靠进口武器装备是靠不住的，走引进仿制的路子是走不远的。加快科技自立自强，不仅是一个科技和经济问题，更是一个重大的政治和战略问题。进入新时代，以习近平同志为核心的党中央把科技创新摆在国家发展全局的核心位置，深入实施创新驱动发展战略，以前所未有的力度强化国家战略科技力量。新时代航天人要把自主创新摆在建设航天强国更加重要的战略位置，以强大的科技实力和创新能力作为建设航天强国的战略支撑和发展航天事业的强大动力，掌握一批具有自主知识产权的技术和原创性成果，抢占未来科技发展先机，肩负起时代赋予的重任。

新型举国体制是建设航天强国的制度优势。习近平总书记指出，探月工程任务连续成功，凝结的是几代航天人的智慧和心血，依靠的是我们国家的综合实力，汇聚的是中国人民的整体力量。嫦娥五号任务作为我国复杂度最高、技术跨度最大的航天系统工程，首次实现了我国地外天体采样返回，这是发挥新型举国体制优势，攻坚克难，取得的又一重大成就。中国航天事业自创建以来，在钱学森系统工程思想指导下，科学构建协调高效的“两总”系统，形成了科学严谨的系统工程决策体系、以项目管理为抓手的组织体系、以工程总体设计部为龙头的技术体系、以质量管理为基础的产品保证体系，成为发挥社会主义集中力量办大事制度优势、组织全国大协作的成功典范。实践证明，航天工程具有系统复杂、技术密集、风险性大、研制周期长等特点，航天事业的成功都是全国大力协同、密切配合、攻坚克难的结果。进入新时代，新型举国体制既着眼于充分发挥社会主义国家集中力量办大事的制度优势，又注重发挥市场在资源配置中的决定性作用，将更加有利于继承和发扬航天事业传统优势，有利于合理配置科技创新资源集智攻关，有利于增强发展航天事业应对风险挑战的能力。

深厚博大的航天精神是建设航天强国的精神支撑。习近平总书记在首个“中国航天日”之际作出的重要指示中强调，经过几代航天人的接续奋斗，我国航天事业创造了以“两弹一星”、载人航天、月球探测为代表的辉煌成就，走出了一条自力更生、自主创新的发展道路，积淀了深厚博大的航天精神。中国航天事业自诞生之日起，就始终坚持党的领导、听从党的召唤、服从党的指挥，把自身发展熔铸到党和国家事业发展的伟大征程中，涌现出钱学森等一批英雄楷模，在不同时代铸就了航天传统精神、“两弹一星”精神、载人航天精神，与党的十八大以来铸就的探月精神、新时代北斗精神等一道，成为推动中国航天事业创新发展最基本、最深沉、最持久的精神力量。实践证明，航天精神是中国精神与红色基因的时代表达，是我们党和国家的宝贵精神财富，是中国航天事业持续发展的思想支撑、精神动力和文化源泉。进入新时代，中国航天事业肩负着新的更大使命、面临着新的更重考验。我们要把苦难辉煌的过去、日新月异的现在、光明锦绣的未来贯通起来，在鉴往知来中继往开来，在饮水思源中凝神聚魂，从航天精神中汲取经验启示、信心动力和智慧力量。

二、牢牢把握新时代加快建设航天强国的历史机遇

习近平总书记指出，当前和今后一个时期，我国发展仍然处于重要战略机遇期，但机遇和挑战都有新的变化。加快建设航天强国，要胸怀“两个大局”、心系“国之大者”，以一往无前的奋斗姿态和永不懈怠的精神状态，在完整、准确、全面贯彻新发展理念中展现新作为，在构建新发展格局中彰显新担当，在全面建设社会主义现代化国家新征程中开创新局面。

准确把握新发展阶段新要求。党中央着眼我国经济社会中长期发展，作出“加快形成以国内大循环为主体、国内国际双循环相互促进的新发展格局”重大战略部署，着力重塑我国国际合作和竞争新优势。新时代加快建设航天强国，必须立足新发展阶段，坚定不移贯彻创新、协调、绿色、开放、共享的新发展理念，服务和融入新发展格局，以推动航天事业高质量发展为主题，在危机中育先机、于变局中开新局，打造国防和军队现代化建设的坚强基石，成为国家战略科技力量的重要支撑和关键核心技术攻关的国家队，争当重大原创技术的“策源地”、航天现代产业链的“链长”。

准确把握世界军事发展新形势。新军事革命加速演进，信息化战争条件下的体系对抗不仅是军事体系之间的较量，而且集中表现为国家整体实力为基础的体系对抗，谁能够最大限度实现国家实力系统整合，谁就能够赢得竞争优势。新时代加快

建设航天强国，必须更加积极主动地瞄着未来战争加快发展武器装备，把武器装备建设放在国际战略格局和国家安全形势深刻变化的大背景下来认识和筹划，担当起党和人民赋予的新时代使命任务。

准确把握新时代世界科技革命和产业革命新趋势。新一代信息技术的迅猛发展，加速了跨界创新和颠覆式创新。一个国家、一个民族的创新能力，直接影响甚至决定其前途命运。进入新时代，我国科技整体水平大幅提升，我们完全有基础、有底气、有信心、有能力抓住新一轮科技革命和产业变革的机遇，乘势而上，大展宏图。新时代加快建设航天强国，必须站得高、看得远、想得深、谋得实，必须进一步增强责任感、使命感、紧迫感，自觉扛起加快科技自立自强的顶梁之责，以抢占科技制高点夺取发展主动权，以科技领先优势塑造国际竞争优势。

三、奋力开启新时代加快建设航天强国新征程

习近平总书记强调，新时代的航天工作者要敢于战胜一切艰难险阻，勇于攀登航天科技高峰。新时代航天人要深入学习贯彻习近平总书记关于建设航天强国重要论述，以更坚定的信心、更有力的举措，以“等不起”的紧迫感、“慢不得”的危机感，奋力开启加快建设航天强国新征程，谱写中国航天事业发展新篇章，为服务党和国家事业发展大局和增进人类福祉作出更大贡献。

努力建设航天人才高地。加快建设航天强国离不开一支具有国际竞争力的高素质人才队伍。要创新完善人才“选、用、育、留”机制，优化航天人才生态体系。建立健全精准引才、柔性引才体制机制，建立健全以德为先、任人唯贤、人事相宜的选拔体系。健全完善领导人员选拔任用和考核评价制度机制，健全以创新能力、质量、实效、贡献为导向的科技人才评价体系，建立健全干部监督体系。完善以复合型经营管理人才、科技领军人才、高技能人才为重点的人才素质模型及源头培养、跟踪培养、全程培养的人才素质培养体系。建立健全功勋荣誉表彰机制和多元化薪酬激励机制。围绕航天重大工程、重点型号、前沿领域建立专家库，深入推进“首席专家”制度，让顶尖人才担纲挂帅。瞄准新兴学科、前沿领域和基础研究，充分发挥国家实验室等创新平台集聚基础研究人才“孵化器”作用。

推动实现高质量发展。推动高质量发展是新发展阶段的主题。要强化全员“零缺陷”质量意识，牢固树立“质量是政治、质量是生命、质量是效益”的理念，深入开展质量提升行动，全面提升质量治理能力和产品质量竞争力。加强航天研制生产全流程标准化建设，形成实用高效的标准供给，构建高水平的产业主导、国际领先的标准体系。高质量完成国企改革“双百行动”“科改示范行动”、混合所有制改革试点等专项改革任务，破解改革难题，形成可复制可推广综合性改革样板和经验模式。突出防控化解风险，强内控、防风险、促合规、强管理，有效防范化解重大风险。聚焦产业化发展与协同发展，加快提升产业基础能力与产业链现代化水平。

加快企业数字化转型。世界各国都把推进经济数字化作为实现创新发展的重要动能。抓住数字化转型的机遇，高质量推进数字航天建设，为建设航天强国注入新动力。要基于“航天云”基础设施构建智慧企业运行平台，构建服务于各级经营决策的企业智慧大脑，形成贯通全级次、全流程，覆盖全要素的战略全景图。建立智慧企业管理系统，推动企业管理向精细化、精准化、预测化、智慧化转变。建设“集成一体、分级应用”的数字化研制一体化平台和工具集，建设高效互联互通的网络信息基础设施，建立与产品研制任务相匹配的高性能计算中心和资源调度共用机制。

勇当实现高水平科技自立自强的时代先锋

袁　洁

党的十八大以来，习近平总书记高度重视创新与科技自立自强工作，围绕加强原始创新、推动自主创新、加快科技自立自强发表了一系列重要论述，作出了一系列重大部署，对我国推进实施创新驱动发展战略、加快跻身创新型国家前列、全面建设社会主义现代化国家具有重大意义，提供了基本遵循。中国航天事业是党和人民的事业，是国家现代化建设的组成部分和战略支撑力量。发展航天事业，建设航天强国，必须坚持以习近平新时代中国特色社会主义思想为指导，胸怀“两个大局”，心系“国之大者”，准确把握新发展阶段，深入贯彻新发展理念，加快构建新发展格局，全力推动高质量发展，必须瞄准世界科技前沿，引领科技发展方向，争当加强原始创新的排头兵、推进自主创新的主力军、实现高水平科技自立自强的领跑者，加快建设世界一流企业、支撑世界一流军队建设，自觉肩负起时代赋予的重任，为实现全面建成社会主义现代化强国的第二个百年奋斗目标贡献新的更大力量。

一、全面建设社会主义现代化国家必须坚持发挥科技创新的关键和中坚作用、实现高水平科技自立自强

习近平总书记强调“科技自立自强是促进发展大局的根本支撑”，反复要求我们要“推进科技自立自强”“以更大力度、更实举措加快科技自立自强”“实现高水平科技自立自强”。党的十九届五中全会提出了坚持创新在我国现代化建设全局中的核心地位，把科技自立自强作为国家发展的战略支撑。突出创新在现代化建设全局中的重要地位、不断提高自主创新能力、实现高水平科技自立自强，就是“国之大者”。这是党中央把握时代大势、立足发展全局、抢抓战略机遇、应对风险挑战作出的战略抉择，是立足新发展阶段、贯彻新发展理念、构建新发展格局、推动高质量发展、催生新发展动能、不断满足人民日益增长的美好生活需要的必然要求，也是推进世界科技强国建设、加快建设航天强国的客观需要，是我国科技创新发展的战略方向。

当前，我国正乘势而上开启全面建设社会主义现代化国家新征程，意气风发向着全面建成社会主义现代化强国的第二个百年奋斗目标迈进。我国创造了中国式现代化新道路，我们要实现的现代化，是人口规模巨大的现代化，是全体人民共同富裕的现代化，是物质文明和精神文明相协调的现代化，是人与自然和谐共生的现代化，是走和平发展道路的现代化。全面建设社会主义现代化国家，离不开创新驱动，离不开高质量科技

供给，离不开高水平科技自立自强，我们必须深入学习贯彻习近平总书记关于加强科技创新、推进科技自立自强的重要思想、重要观点、重要论断，在国家现代化建设全局中始终坚持创新的核心地位，着力发挥好科技自立自强的战略支撑作用。

创新就是生产力，企业赖之以强，国家赖之以盛。创新是一个民族进步的灵魂，是一个国家兴旺发达的不竭动力，也是我们中华民族最深沉、最鲜明的民族禀赋。习近平总书记指出，中国是一个大国，必须成为科技创新大国，中国要强盛、要复兴，就一定要努力成为世界主要科学中心和创新高地，我们比历史上任何时期都更需要建设世界科技强国。他强调，要坚持创新在现代化建设全局中的核心地位，把创新作为一项国策、作为最大政策。历史和现实表明，创新是引领发展的第一动力，是从根本上打开增长之锁的钥匙，是推动国家、民族和人类社会向前发展的重要力量。当今世界正经历百年未有之大变局，新一轮科技革命和产业变革加速演进、深入发展，一些重大科学技术问题的原创性突破正在开辟新前沿新方向，一些重大颠覆性技术创新正在创造新产业新业态，创新的巨大价值及其重大意义在新时代得到前所未有的彰显和释放。抓创新就是抓发展，谋创新就是谋未来，创新决定未来。对此，我们必须更加重视新形势下“创新”这一核心问题，要充分认识新时代新征程中实施创新驱动发展战略、提高原始创新能力、增强自主创新能力、加快科技自立自强的重大战略意义。要深刻把握创新是企业经营最重要的品质，深刻领悟自主创新是企业的生命，是企业爬坡过坎、发展壮大的根本，深刻体会技术创新是企业的命根子。企业生存发展的源动力在创新、根本之道在自主创新，必须坚持把企业在创新中的主体地位作用发挥好，使广大科技工作者的创新活力涌泉般迸发出来。

增强科技创新的紧迫感和使命感，把科技创新摆在更加重要位置。创新的制高点在科技。放眼全球，科学技术越来越成为推动经济社会发展的主要力量，新一轮科技革命和产业变革的加速发展，使得科技对提高社会生产力的贡献更加凸显。习近平总书记指出，当今世界，谁牵住了科技创新这个“牛鼻子”，谁走好了科技创新这步先手棋，谁就能占领先机、赢得优势。我们在国际上腰杆子能不能更硬起来，能不能跨越“中等收入陷阱”，很大程度取决于科技创新能力的提升。他一再强调，科学技术从来没有像今天这样深刻影响着国家前途命运，从来没有像今天这样深刻影响着人民福祉；我们国家进入科技发展第一方阵要靠创新，必须加快科技自立自强步伐。科技立则民族立，科技强则民族强。面对科技创新发展新趋势，世界主要国家都在寻找科技创新的突破口，抢占未来经济科技发展的先机和制高点，而且随着大国科技竞争加剧，科技创新正成为大变局中的“关键变量”。历史和现实昭示我们，科技创新作为提高社会生产力、提升国际竞争力、增强综合国力、保障国家安全的战略支撑，必须摆在国家发展全局的核心位置；只有把核心技术掌握在自己手中，才能真正掌握竞争和发展的主动权，才能从根本上保障国家经济安全、国防安全和其他安全。加快科技创新，是我们推动高质量发展的需要、实现人民高品质生活的需要、构建新发展格局的需要、顺利开启全面建设社会主义现代化国家新征程的需要，也是抢占发展先机、赢得未来新优势、夺取国际竞争新胜利的需要。为此，我们要坚持把提高科技创新能力及自主创新能力、推进科技自立自强作为一项重大政治任务狠抓落实，要积极抢抓战略机遇，强化科技创新策源功能和新引擎作用，提升科技供给能力，加快突破影响发展和安全的“卡脖子”难题，实现更多关键核心技术自主可控，打造经济发展新动能，努力抢占科技竞争和未来发展制高点。

实现高质量发展，必须实现依靠创新驱动的内涵式增长。“十四五”时期，我国经济已转向高质量发展阶段，经济社会发展的主题是推动高质量发展。实现高质量发展，必须坚定不移贯彻新发展理念，切实转变经济发展方式，推动质量变革、效率变革、动力变革，使发展更有效率、更加公平、更可持续、更为安全，发展成果更好惠及全体人民，不断实现人民对美好生活的向往；必须构建以国内大循环为主体、国内国际双循环相互促进的新发展格局，这是以习近平同志为核心的党中央根据我国发展阶段、环境、条件变化作出的战略决策，是事关全局的系统性、深层次变革，是立足当前、着眼长远的战略谋划。习近平总书记指出，实施创新驱动发展战略是我国发展的迫切需要，必须摆在突出位置；高质量发展，创新很重要，只有创新才能够自强；自主创新是推动高质量发展、动能转换的迫切要求和重要支撑；科技创新是建设现代化产业体系的战略支撑。他强调，构建新发展格局最本质的特征是实现高水平的自立自强；加快科技自立自强，是确保国内大循环畅通、塑造我国在国际大循环中新优势的关键；加快关键核心技术自主创新，为经济社会发展打造新引擎。实践告诉我们，科学技术现代化从来都是我国实现现代化的重要内容和追求目标，无论是推动高质量发展、构建新发展格局，还是提高人民生活品质、保障国家安全，都需要强大的科技支撑，也必然要求我们更加重视创新、重视提高自主创新能力，更加强调要发挥好科技创新在畅通国内大循环和塑造我国在国际大循环中主动地位的关键作用。对此，我们必须充分认识实现高质量发展、高品质生活、高效能治理是时代必然，也是人民期盼，构建新发展格局是我们与时俱进提升国家经济发展水平、塑造我国国际经济合作和竞争新优势的战略抉择。要立足新发展阶段，完整、准确、全面贯彻新发展理念，构建新发展格局，深入实施科教兴国战略、人才强国战略、创新驱动发展战略，让创新始终成为推动我国经济社会高质量发展的最大增量和最强有力的新引擎。

加快建设科技强国，实现高水平科技自立自强。自力更生是中华民族自立于世界民族之林的奋斗基点，自主创新是我们攀登世界科技高峰的必由之路。党的十八大以来，习近平总书记一再叮嘱我们，要矢志不移自主创新，敢于走前人没有走过的路，打造自主创新新高地、原始创新“策源地”，强化国家战略科技力量建设，实现关键核心技术自主可控，力争实现我国整体科技水平从跟跑向并行、领跑的战略性转变。他反复强调，关键核心技术是国之重器，必须牢牢掌握在自己手里，这关系中国前途命运；要增强责任感和危机感，丢掉幻想，正视现实，打好关键核心技术攻坚战，加快攻克重要领域“卡脖子”技术；国有企业特别是中央所属国有企业，一定要加强自主创新能力，研发和掌握更多的国之重器。今年 5 月，习近平总书记在中国科学院第二十次院士大会、中国工程院第十五次院士大会、中国科协第十次全国代表大会上几次强调要“实现高水平科技自立自强”。事实告诉我们，自主是安全发展的稳固基石和坚强后盾，基础的、核心的东西是讨不来买不来的，要靠我们自力更生、自主创新来实现；核心技术、关键技术、国之重器必须立足于自身。经过多年努力，我国科技整体水平大幅提升，但也存在原始创新能力还不强，创新体系效能还不高，科技投入产出效益较低等一些问题和不足。对此，我们要把握大势、抢占先机，直面问题、迎难而上，进一步增强科技自立自强意识，牢固树立敢于同世界强手比拼的志气、骨气、底气，把“自立”与“自强”、“立起来”与“强起来”紧密结合起来，坚定不移走中国特色自主创新之路，推动形成国家发展的新优势。要加强原创性、引领性科技攻关，强化国家战略科技力量，推进科技体制改革，构建开放创新生态，激发各类人才创新活力，加快世界科技强国建设，努力实现高水平科技自立自强。

二、中国航天事业发展史是一部自力更生、自主创新、科技自立自强的不懈奋斗史

今年是中国共产党成立 100 周年，也是中国航天事业创建 65 周年。65 年来，中国航天事业在党中央坚强领导下、全国

人民大力支持下，几代航天人不忘初心、接续奋斗，自力更生、自主创新，成功走出了一条中国特色的创新发展道路，取得了一个又一个重大成就，为我国经济社会发展、科技进步、国防建设、民生改善作出了历史性贡献，有力彰显了坚持自主创新、推进科技自立自强、发挥社会主义集中力量办大事制度优势的磅礴伟力，谱写了我国航天事业发展的壮美篇章。历史和实践告诉我们，自力更生是中国航天事业创建发展的基因禀赋，自主创新是中国航天事业发展壮大的成功密码，自立自强是中国航天事业跨越腾飞的必然路径。发展航天事业、建设航天强国，加快建设世界科技强国，必须坚持自主创新，奋力推进科技自立自强。

（一）坚持和加强党的领导是推进科技自立自强、发展航天事业的根本保证

中国共产党领导和开创了中国航天事业，为航天事业根植了姓党为党的红色基因血脉。中国航天事业在毛泽东思想指导下艰辛创业、走出了自力更生的铿锵步伐，在邓小平理论指导下推进改革创新、形成了军民结合的良好局面，在“三个代表”重要思想和科学发展观指导下不断发展壮大、走出了自主创新的发展道路。党的十八大以来，习近平总书记高度重视我国航天事业发展，亲自谋划、亲自部署、亲自推动航天和国防领域重大项目和重大工程，发表一系列重要讲话、作出一系列重要指示批示。中国航天事业自创建以来，之所以能够不断取得历史性突破和重大成就，正是源于党中央的高度重视和坚强领导，

源于党的理论和路线方针政策在航天战线得到坚决贯彻落实，源于一代代航天人始终听党话、跟党走，秉承“科技强军、航天报国”的理想追求和忠诚担当，全心全意履行好党和人民赋予的神圣使命责任。实践证明，坚持和加强党的领导，是发展我国航天事业的根本所在、命脉所在、职责所在，是加强自主创新、推进科技自立自强的制胜法宝，是实现航天梦、强军梦、中国梦的根本保证。

（二）坚持自力更生、自主创新是推进科技自立自强、发展航天事业的强大动力

我国航天事业创业初期，面对苏联撕毁协议、撤退专家和技术封锁，航天人顶住压力、挺直腰杆，自力更生、艰苦奋斗，完全依靠自身力量完成了“两弹一星”战略任务，突破了尖端高技术，从根本上改善了国家安全与发展环境。纵观中国航天事业创建发展史，就是一部敢于突破、不断超越的自主创新史，从最初的仿制跟随到后来的自行设计、自主创新，中国航天掌握了一大批具有自主知识产权的核心关键技术，创造了我国国防武器装备建设史上一个又一个填补国内空白的“第一”，圆满完成了一系列堪称首创的重大飞行试验，成为获得国家科技进步特等奖最多的领域，为提升国防实力和国家创新能力发挥了重要作用。就中国航天科工集团有限公司（以下简称航天科工）而言，从第一型国产导弹，到尖端武器打破西方封锁并实现全球领先；从新中国第一台计算机、第一件中华人民共和国发明专利和实用新型专利，到第一个成功大规模应用的自主可控计

算机网络系统，世界第一批、我国首个工业互联网平台，用一个个“从0到1”的突破，加快打造原创技术“策源地”和现代产业链“链长”，不断实现关键核心技术、重要产品和重大装备的自立自强！正如习近平总书记强调指出的，“取得这样的成就，最根本的一点，就是中国航天事业始终坚持自力更生、自主创新”，他叮嘱我们，“不管条件如何变化，自力更生、艰苦奋斗的志气不能丢”。实践证明，坚定不移走中国特色自主创新道路，把核心关键技术牢牢掌握在自己手中，是我国航天事业蓬勃发展、持续进步的强大动力，是实现科技自立自强、掌握更多国之重器的诀窍秘籍。

（三）坚持系统观念、集中力量办大事是推进科技自立自强、发展航天事业的重要方法

系统观念是具有基础性的思想和工作方法。航天工程具有系统复杂、技术密集、风险性大、研制周期长等特点，我国实施的重大航天工程，从设计到生产、从研制到试验、从发射实施到飞行控制，技术的每一次突破、工程的每一次跨越，都是坚持系统观念，坚持系统工程思想管理方法，推动全国大力协同、密切配合、攻坚克难的结果。“两弹一星”、载人航天等重大航天工程都是坚持系统观念的具体实践，在党和国家的号召下全国各条战线、各行各业参与其中，充分彰显了社会主义制度集中力量办大事的优势，汇聚了全国人民整体的智慧和力量成功创造伟大奇迹。实践证明，坚持系统观念、集中力量办大事，全面运用系统工程思想管理方法，是我国航天事业兴旺发

达、不断进步的重要法宝和坚强保障，是实现科技自立自强的必由之路。发展航天事业、建设航天强国，必须坚持系统观念，必须更好发挥新型举国体制的优势。

（四）坚持人才为先、把人才资源作为第一资源是推进科技自立自强、发展航天事业的核心关键

新中国成立之初，面对复杂的国际局势和国家建设发展需要，以钱学森同志为代表的一批科学家响应党中央号召，历尽艰辛毅然回到祖国。党中央还选调了一批经过战争考验的领导干部、一批来自国内高校和研究机构的高级技术专家、一批国家培养的大中专毕业生和一批经验丰富的优秀技能工人，与海外归国专家一起，组成了一支能攻善战的航天人才队伍，为创建和发展航天事业建立了不可磨灭的功勋。65年来，几代航天人始终保持着忠诚担当、爱国奉献的赤子情怀，信念坚定、自强不息的精神品质，创新拼搏、协同攻坚的奋斗姿态，推动我国航天事业在世界航天大国中“站起来”“强起来”，并向世界一流航天强国奋力迈进。实践证明，人才是创新的核心要素，人才竞争是最为根本、最具决定性的竞争，硬实力、软实力，归根到底要靠人才实力。我国航天事业取得举世瞩目辉煌成就的重要原因，就在于党和国家培养了一支政治坚定、作风严谨、无私奉献、造诣深厚、勇于创新、配套齐全的科技人才队伍，这也是新时代提高自主创新能力、实现科技自立自强的第一资源。

（五）传承和弘扬航天精神是推进科技自立自强、发展航天事业的思想保障

伟大事业孕育伟大精神，伟大精神引领伟大事业。65 年来，伴随着航天事业发展壮大，孕育而生的是丰富厚重的航天精神文化。一代又一代航天人在创造非凡业绩的同时，走出了一条自力更生、自主创新的发展道路，也铸就积淀了以航天传统精神、“两弹一星”精神、载人航天精神和探月精神、新时代北斗精神为代表的深厚博大的航天精神。航天精神是中华民族宝贵的精神财富，是伟大建党精神在中国航天事业发展中的鲜明表达，与中华优秀文化一脉相承，是社会主义核心价值观的重要体现。实践证明，航天精神和航天文化是我国航天事业创建发展、高质量发展、永续发展的重要支撑和源泉动力，也是推动实现科技自立自强的不竭动力和智慧源泉。

三、自觉肩负实现高水平科技自立自强的时代责任，奋力开创高质量发展航天事业、加快建设世界科技强国新局面

习近平总书记指出，航天科技是科技进步和创新的重要领域，航天科技成就是国家科技水平和科技能力的重要标志。我国航天事业在加强科技创新和自主创新、推进科技自立自强中地位重要，使命光荣，任务艰巨。航天科工是中国航天事业的中坚力量，是航天强国建设和国防武器装备建设的主力军，是

我国工业信息化发展的领军企业，自力更生、自主创新、科技自立自强是航天科工事业发展进步的强大基因和战略支撑力量。今天，实现中华民族伟大复兴进入了不可逆转的历史进程，面对新时代新阶段新征程，我们必须坚持以习近平新时代中国特色社会主义思想为指导，全面贯彻落实党的十九大和十九届二中、三中、四中、五中、六中全会精神，深入学习贯彻习近平总书记系列重要论述、重大部署和指示批示精神，始终坚持创新在我国现代化建设全局中的核心地位，把科技自立自强作为国家发展的战略支撑，铭记光辉历史，勇担时代重任，传承创新基因，走在实现高水平科技自立自强前列。要自觉扛起政治责任、经济责任、社会责任，在加强原始创新上、提升自主创新能力上、加快关键核心技术攻关上、推进科技自立自强上，抢抓历史机遇和先机，实现更多“从0到1”的新突破，打造更多“国之重器”及高科技产品，服务国家战略、服务国防建设、服务国计民生，抢占未来科技竞争及发展的战略制高点和更有力话语权，为全面建设社会主义现代化国家作出新的更大贡献。

（一）增强实现高水平科技自立自强的自觉性

推进科技自立自强、实现高水平科技自立自强，是党中央观大势、谋全局、抓根本，全面分析国际科技创新竞争态势，深入研判国内外发展形势作出的重大战略部署。“十四五”时期是我国在全面建成小康社会、实现第一个百年奋斗目标之后，乘势而上开启全面建设社会主义现代化国家新征程、向第二个百年奋斗目标进军的第一个五年，也是航天科工进一步加快科技创新步伐、推动实现高水平科技自立自强的关键时期和基本建成世界一流航天防务集团公司的重要时期。我们必须切实提高政治站位，增强政治判断力、政治领悟力、政治执行力，立足“两个大局”，牢记“国之大者”，统筹发展和安全，以高度的政治自觉、思想自觉和行动自觉，全力推进实现高水平科技自立自强，始终成为国家战略科技力量并发挥好排头兵、先锋队作用。

目前，集团公司“十四五”综合规划纲要已正式发布，也研究制订了推动科技自立自强行动方案，关键是要保持战略定力，强化执行落地。要紧紧围绕“一个目标三步走”战略目标，深入实施以国家重大发展战略、创新驱动发展战略、质量制胜战略、人才强企战略、数字航天战略为内容的“1+4”战略，坚定不移履行“科技强军、航天报国”神圣使命，优化健全科技创新管理体系，加强技术基础能力建设，强化科技创新生态建设，聚力培育战略科技领军人才，着力推动制造业数字化转型，建设高水平科技创新平台，坚决完成国家重大战略任务，坚决打赢关键核心技术攻关战，加快打造原创技术“策源地”和现代产业链“链长”，推动航天科工高质量发展、实现高水平科技自立自强，支撑世界一流航天防务集团公司建设、世界一流军队建设。

（二）把握实现高水平科技自立自强的思路原则

集团公司推进实现高水平科技自立自强，必须做到“六个坚持”。

坚持创新驱动。实施创新驱动发展战略，是立足全局、面向未来的重大战略，最根本的是要增强自主创新能力。推动科技自立自强，要求我们必须面向世界科技前沿、面向经济主战场、面向国家重大需求、面向人民生命健康，加速战略性前沿性颠覆性技术发展，抢占未来技术的制高点，产出一批具有重要影响力的原创技术，确保始终成为高水平科技自立自强的国家战略科技力量。

坚持系统观念。系统观念是我们党领导革命、建设和改革的重要思想方法、工作方法和领导方法，也是“十四五”时期我国经济社会发展必须遵循的重要原则。推动科技自立自强，要求我们必须坚持系统观念，秉承航天系统工程的思想理论及管理方法，汇聚人才、能力、资源、制度等各类创新要素，构建开放式科技创新体系，强化创新链、人才链、价值链、产业链的融合发展，不断培育和发展高水平科技自立自强的新模式新产业新业态。

坚持基础支撑。加强基础研究是科技自立自强的必然要求，是我们从未知到已知、从不确定性到确定性的必然选择。推动科技自立自强，要求我们必须突出应用牵引，聚焦集团公司主责主业和高质量发展中面临的实际问题，凝练“科学问题”，提出“卡脖子”技术的应用基础理论和技术原理，突破应用基础研究瓶颈，从源头捕捉和识别新的思想和方法，探索具有引领性的应用基础技术、前沿性技术，丰富高水平科技自立自强的源头供给。

坚持核心在手。关键核心技术是要不来、买不来、讨不来的，必须立足自主创新、自立自强。推动科技自立自强，要求我们必须坚持问题导向、目标导向，着眼当前装备与技术发展中最紧急的问题，聚焦影响集团公司主责主业发展全局和国家安全的基础核心领域，加强关键核心技术攻关，努力实现核心关键技术和产品的自主可控，牢牢掌握高水平科技自立自强的创新主动权和发展主动权。

坚持机制创新。推进自主创新，最紧迫的是要破除体制机制障碍，最大限度解放和激发科技作为第一生产力所蕴藏的巨大潜力。“科技创新、制度创新要协同发挥作用，两个轮子一起转。”推动科技自立自强，要求我们必须不断创新优化集团公司创新驱动的政策保障，建立健全科技创新制度，完善科技评价机制，建立以创新价值、能力、贡献为导向的人才评价体系，稳定并强化从事基础性、前沿性、颠覆性技术研究队伍，为高水平科技自立自强提供健全的制度保障、机制保障和高素质人才队伍保障。

坚持开放协同。改革开放是当代中国最显著的特征，大力协同是中国航天精神的内核和事业发展的保障。推动科技自立自强，要求我们必须突出强强联合、利益共享，发挥好各自优势，强化集团公司内部之间、内部与外部之间的协同创新，参与全球科技治理，强化创新生态赋能，为高水平科技自立自强营造良好创新生态环境。

（三）明确实现高水平科技自立自强的主攻方向

实现高水平科技自立自强，是重大政治任务，也是一项极其重要的系统工程。集团公司必须切实强化作为企业的技术创新主体地位，进一步明确主攻方向，找准着力点，持之以恒抓工作落实、抓能力提升，重点做到“六个下功夫”。

着力在加强原创性、引领性科技攻关上下功夫。习近平总书记指出，科技攻关要坚持问题导向，本着最紧急、最紧迫的问题去。航天科工要坚持从国家急迫需要和长远需求出发，全力攻坚、加快突破一批关键核心技术，在事关发展全局和国家安全的基础核心领域，前瞻部署一批战略性、储备性技术研发项目。要不断强化使命担当，坚定扛起强军首责，重点瞄准集团公司航天防务基业创新发展，高质量完成好重大项目任务的论证、实施和攻关，大力推进装备自主可控，进一步巩固集团公司在航天防务装备产业、未来战略科技产业的领先地位，支撑世界一流军队建设，以更强大的能力、更可靠的手段捍卫国家主权、安全、发展利益。

着力在发挥国家战略科技力量重大作用上下功夫。习近平总书记强调，世界科技强国竞争，比拼的是国家战略科技力量。集团公司作为科技领军企业，要积极发挥好国家战略科技力量的引领作用，发挥好市场需求、集成创新、组织平台的优势，打通从科技强到企业强、产业强、经济强的通道。要致力于建设高水平科技创新平台，加快创建集团公司国家实验室体系，构建科技创新平台孵化体系。要切实解决关键领域链路中存在的断点、堵点和梗阻，促进供应链、产业链、创新链、价值链、资金链、人才链、政策链深度融合，有力推进创新集群发展。

着力在打造原创技术“策源地”、现代产业链“链长”上下功夫。习近平总书记指出，中央企业等国有企业要勇挑重担、敢打头阵，勇当原创技术的“策源地”、现代产业链的“链长”。航天科工要致力于成为国家基础研究体系的生力军、国防安全领域前沿创新主力军，紧紧围绕解决制约主责主业创新发展和长远利益的重大科技问题，持续用劲发力，大力提升原创技术“策源地”支撑能力，加快建设原创技术开放创新高地。要瞄准打造武器装备产业链“链长”，大力提升先进装备体系化、智能化、实战化水平；打造信创设备产业链“链长”，形成核心技术与核心产品自主可控能力；打造行业高端工业基础件产业链“链长”，为产业基础高级化提供强劲支撑。各单位要坚持从自身实际及优势出发，深入研究如何成为原创技术“策源地”、现代产业链“链长”；要建立完善重点项目攻关“揭榜挂帅”机制，为加快打造原创技术“策源地”、现代产业链“链长”，强化国家战略科技力量，打头阵、当先锋，走在前、作表率。

着力在强化科技创新供给支撑能力上下功夫。习近平总书记指出，要充分认识创新是第一动力，提供高质量科技供给，着力支撑现代化经济体系建设。航天科工要深入实施数字航天战略，实现研发模式、生产模式数字化转型，建立高可信、智能化、保障网络安全的工业互联网基础设施。要加强科技创新技术基础能力建设，实施集团公司工艺振兴工程、航天防务标准化战略，加快构建航天工艺新体系，构建全面支撑集团公司发展和市场竞争的新型标准体系，深化先进计量检测能力建设，提升产品质量保证能力。

着力在培育战略科技领军人才、激发各类人才创新活力上下功夫。习近平总书记指出，创新之道，唯在得人。谁拥有了一流创新人才、拥有了一流科学家，谁就能在科技创新中占据优势。我国要实现高水平科技自立自强，归根结底要靠高水平创新人才。航天科工要坚持实行更加开放的人才政策，集聚国内外优秀的科技自立自强高端人才；建立领军人才遴选、推树、培养一体化推进机制，聚焦“高精尖缺”领域，着力培养高水平战略科技领军人才；围绕关键核心技术和前沿颠覆性技术领域，组建以青年科技人才为主体的创新型人才培养平台，培养建设高水平创新团队，将关键核心技术攻关作为锤炼人才的“磨刀石”。要用好科技成果评价“指挥棒”，坚持正确的科技成果评价导向，激发科技人员积极性。要大力弘扬企业家精神、科学家精神、劳模精神、劳动精神、工匠精神，着力建设一支科学素养优良、技术功底深厚、工作作风过硬、结构规模优化的创新人才队伍。

着力在涵养科技自立自强生态上下功夫。习近平总书记强调，要加大创新支持力度，优化创新生态环境；构建开放创新生态，参与全球科技治理。航天科工要加大内部协同创新力度，建设一批创新联合体；发挥集中力量办大事的巨大优势，加强与国家实验室、国家科研机构、高水平研究型大学、科技领军企业间的产学研战略合作和协同创新，实现强强联合。要大力弘扬伟大建党精神，传承航天精神，培育高水平科技自立自强意识、营造科技自立自强创新环境。

（四）落实实现高水平科技自立自强的保障措施

必须坚持做到"六个强化"。一是要强化组织领导，将科技自立自强行动作为"一把手"工程，认真落实好责任制。二是要强化条件保障，持续深化核心能力建设，夯实持续开展技术创新的能力基础，稳步提升数字化研发与智能制造水平，加快开发自主可控条件。三是要强化多元投入，持续加大自主投入，充分运用多形式多手段加大支持保障力度。四是要强化正向激励，作为重点纳入各单位激励体系，同等条件下在岗位评定、职称评定、职务晋升、学习培训等方面予以优先考虑。五是要强化考核引导，完善科技创新考核评估机制，将创新发展成效作为重要考核指标，实行以增加知识价值为导向的激励机制，引导创新资源的合理布局和灵活分配。六是要强化督导评估，层层压实主体责任，杜绝形式主义、官僚主义，杜绝不担当、不作为现象。

系统观念是重要思想和工作方法

刘石泉

习近平总书记指出，“系统观念是具有基础性的思想和工作方法”，强调全面建成小康社会后，将开启全面建设社会主义现代化国家新征程，我国发展环境面临深刻变化，发展不平衡不充分问题仍然突出，经济社会发展中矛盾错综复杂，必须从系统观念出发加以谋划和解决，“十四五”时期经济社会发展必须遵循坚持系统观念的原则。系统观念是唯物辩证法的基本方法，是中国共产党人长期实践所得，也是我们党领导革命、建设和改革的重要思想方法、工作方法和领导方法，必须长期坚持并不断发展。

一、辩证唯物主义是坚持系统观念的思想理论基础

辩证唯物主义是中国共产党人的世界观和方法论，是指导我们不断前进的强大思想武器。习近平新时代中国特色社会主义思想是坚持和运用辩证唯物主义和历史唯物主义的光辉典范。习近平总书记指出，当前学习和运用辩证唯物主义世界观和方

法论必须着重解决以下问题：一是掌握世界统一于物质、物质决定意识的原理，坚持从客观实际出发制定政策、推动工作；二是学习掌握事物矛盾运动的基本原理，不断强化问题意识，积极面对和化解前进中遇到的矛盾；三是学习掌握唯物辩证法的根本方法，不断增强辩证思维能力，提高驾驭复杂局面、处理复杂问题的本领；四是学习掌握认识和实践辩证关系的原理，坚持实践第一的观点，不断推进实践基础上的理论创新。为此，我们必须做到：

坚持一切从实际出发。实事求是、一切从实际出发是马克思主义的精髓，是我们党的思想路线。坚持实事求是，坚持一切从实际出发，坚持把马克思主义基本原理同中国具体实践相结合，才能走出一条具有新时代中国特色的社会主义道路，实现中华民族伟大复兴。

坚持一切以时间、地点、条件为转移。一切事物都是运动变化发展的，都因时间、地点、条件变化而变化，没有停滞不前的实践，没有永恒不变的认识，没有亘古不变的理论。条件改变了，人们的认识和行动也要随之变化。

坚持具体问题具体分析。这是辩证唯物主义的精髓，是马克思主义活的灵魂。人们从认识个别到认识一般、认识具体到认识抽象、认识特殊到认识普遍，在方法上必然体现为对具体问题进行具体分析。具体工作上，必须坚决反对教条主义、本本主义和经验主义。

坚持矛盾分析是最根本的分析方法。对立统一规律是世界上最普遍最根本的规律，矛盾观点是观察、认识、改造世界的世界观与方法论。正确认识世界、改造世界，必须学会运用矛盾分析法，对不同质的矛盾采用不同方法去解决，从而推动事物的转化与发展。

坚持实践是检验真理的唯一标准。实践观点是马克思主义认识论的首要观点。实践对认识起决定作用，坚持实践是检验真理的唯一标准，是我们必须始终遵循的马克思主义思想方法、工作方法和领导方法。

辩证唯物主义是坚持系统观念的思想理论基础，系统观念是对唯物辩证法普遍联系观念的具体深化。坚持系统观念，必须坚持辩证唯物主义；坚持和运用唯物辩证法，必须善于从系统观念出发解决各种矛盾和问题。立足新发展阶段，贯彻新发展理念，构建新发展格局，推动高质量发展，必须坚持系统观念，必须加强前瞻性思考、全局性谋划、战略性布局、整体性推进，统筹国内国际两个大局，办好发展安全两件大事，坚持全国一盘棋，更好发挥中央、地方和各方面积极性，着力固根基、扬优势、补短板、强弱项，注重防范化解重大风险挑战，实现发展质量、结构、规模、速度、效益、安全相统一。

二、坚持系统观念是中国航天事业成功发展的重要法宝

中国航天事业是党和人民的事业，是中国特色社会主义事业的重要组成部分。过去 65 年，在党中央坚强领导下，中国航天事业在艰苦奋斗中奋发图强，在改革开放中奋起直追，在市

场经济大潮中跨越发展，也必将在实现中华民族伟大复兴中创造新的辉煌。

65 年来，以钱学森同志为代表的几代航天人，在为国家创新研制生产导弹武器、火箭与卫星等航天产品及国之重器的同时，坚持和运用辩证唯物主义创造了航天系统工程思想理论方法，这是航天人时刻运用和实践的工作方法与工具。航天系统工程思想包含了辩证唯物主义的系统观及丰富的科学观、技术观、工程观，具有时代性、实践性、科学性、创造性、自主性、人本性等显著特点。航天战线坚持系统工程理论方法，科学构造协调高效的“两总”系统，形成了科学严谨的系统工程决策体系，以工程总体为龙头的技术体系、以型号管理为抓手的组织指挥体系、以质量管理为基础的产品保证体系，成为发挥社会主义集中力量办大事的制度优势、组织全国大协作与集智攻关的成功典范。

与时俱进是航天系统工程思想理论方法的主要特征和内在品质。面对全球新一轮科技革命和产业变革，我们要大踏步跟上时代前进步伐、引领与领跑时代发展，必须不断吸收量子技术、太赫兹技术、脑科学、大数据、人工智能等新兴战略性科技成果，加快科技自立自强，坚持自主创新、自主可控，加强战略性引领性颠覆性原始创新能力建设，锻造坚韧的现代化产业链，确保关键核心技术在手，解决好“卡脖子”问题，始终把发展高新武器装备的命运掌握在自己手中，始终为实现人民群众对美好生活的向往而不懈奋斗。

实践表明，航天系统工程是坚持系统观念的成功实践，坚持系统观念是我国航天事业成功发展的重要法宝。坚持和运用系统方法，关键要遵循“六个原则”：即整体性原则，注意从整体上、从事物所从属的更高级整体出发，去认识、改造和管理事物，坚持部分服从整体；综合性原则，注意要素、结构、环境和功能的综合；层次性原则，注意层次数量、质量、顺序及层际关系对系统整体功能的影响；结构性原则，在认识、改造和管理系统对象时，注意其内部结构特征，并通过调整结构来改善系统整体的特性和功能；环境关联原则，注意了解系统所处的环境特性，通过利用、选择和创造环境来改善系统和发展系统；功能性原则，注意把功能作为系统认识、改造、管理、开发的对象和内容。在实际应用系统方法时，要坚持统筹兼顾又有所侧重。

三、努力提升掌握和运用坚持系统观念的能力与本领

面对新时代新阶段新征程新要求，必须不断增强掌握和运用坚持系统观念的工作本领。

避免盲人摸象。坚持从整体和全局出发分析处理解决问题，防止一叶障目。理清哪些是不可或缺的组成部分，理清各组成部分之间的相互联系和作用，把握好整体与部分之间的相互关系，进而推动事物在整体上呈现出应有功能。

避免东一榔头西一棒。坚定战略方向，保持战略定力，理清系统功能，明晰发展目标。坚持目标导向、问题导向和结果

导向，集中资源优势，聚焦主责主业，苦练内功、久久为功，实现一张蓝图绘到底。

避免各自为政。服从大局是系统观念的必然要求，照应全局和事物发展各阶段。必须牢固树立全局观念，具有一盘棋思想，注重工作的协同性，解决好局部问题及矛盾，避免“一着不慎，满盘皆输”。

避免一盘散沙。坚持和发挥集中力量办大事的制度优势，注重力出一孔、利出一孔，强化顶层设计和总体谋划，牵住“牛鼻子”，防止盲目分散力量，发挥整体效能。

避免被动应付。增强工作洞察力和预见性，识之于未萌、见之于未发，下好先手棋、打好主动仗，敢啃硬骨头、善打硬仗恶仗。

避免胡子眉毛一把抓。善于“弹钢琴”，突出重点、关键，善抓主要矛盾和矛盾的主要方面，把抓薄弱环节作为工作着力点和突破口，做到事半功倍，实现重点突破，推动整体工作。

避免短板弱项。时刻注意补短板、强弱项，打基础、管长远，固根基、扬优势，使系统功能达到最优状态。

避免“黑天鹅”与“灰犀牛”事件。增强风险意识，树立底线思维，防患于未然。把防风险摆在突出位置，做实做细做好防范化解重大风险工作，守住不发生系统性风险的安全底线。

避免理论与实际相脱节。要学用结合、知行合一，坚持理论联系实际。做到准确识变、科学应变、主动求变，育先机、开新局。加强前瞻性思考、全局性谋划、战略性布局、整体性推进，以理论武装新成果推动实现事业新发展。

央企应自觉扛起加快科技自立自强的顶梁之责

刘石泉

创新是一个民族进步的灵魂，是一个国家兴旺发达的不竭动力，创新在我国现代化建设全局中处于核心地位。党的十九届五中全会强调："把科技自立自强作为国家发展的战略支撑。"习近平总书记指出："中央企业等国有企业要勇挑重担、敢打头阵，勇当原创技术的'策源地'、现代产业链的'链长'。"航天企业作为关系国家安全和国民经济命脉的高科技企业，必须坚持以习近平新时代中国特色社会主义思想为指导，聚焦主责主业，履行强军首责，加强自主创新，加快科技自立自强，强化国家战略科技力量支撑，打好关键核心技术攻坚战，推动企业高质量发展，为世界一流军队建设、开启全面建设社会主义现代化国家新征程作出更大贡献。

一、自主创新事关国家前途命运

创新是引领发展的第一动力。纵观世界文明发展史，以科技进步为核心的创新，是人类社会前进的动力源泉。一个国家、一个民族的创新能力，直接影响甚至决定其前途命运。在《枪炮、病菌与钢铁：人类社会的命运》一书中，贾雷德·戴蒙德阐释并列举了欧洲人能够征服其他民族的直接因素，那就是欧洲的枪炮、传染病、钢铁工具和工业制品，技术落后的民族几乎都遭受了灭顶之灾。

中华民族有着辉煌的历史文化，几千年来涌现出许多遥遥领先于其他民族的创造发明，对世界文明进步影响深远、贡献巨大。但是，由于封建统治者长期闭关锁国等，导致我国屡次与世界科技革命失之交臂，发展滞后、国力衰败，沦落到被动挨打的境地。新中国成立后，我国建立了较为全面独立的科学技术体系，特别是改革开放带来了“科学的春天”，开启了不断创新的新时代。我国已成为具有重要影响力的科技大国，科技创新对经济社会发展的支撑和引领作用日益增强。

聚焦近代世界科技史，要想成为世界强国，必先成为世界科技创新中心。美国、日本、德国等发达国家的成功，都离不开国家战略科技力量的强劲支撑。美国通过组建国家实验室，开展基础性、前沿性、战略性跨学科研究，并从武器装备研发扩展到能源、信息、材料等重大科学前沿领域，出现了互联网、人工智能及量子科技等诸多颠覆性技术，呈现出学科交叉、跨界融合、群体突破态势，引领世界科技发展。与建设世界科技强国目标相比，我们还面临着重大科技瓶颈，关键领域核心技术受制于人的局面没有从根本上改变，科技创新能力特别是原创能力还需要加强。

实现中华民族伟大复兴，从“站起来”“富起来”到“强起来”，从科技大国迈向科技强国，这是近代以来中国人民的不懈追求。我们必须把加强自主创新、加快科技自立自强放在国家、民族生存发展的战略高度加以重视，绝不让受制于人的关键核心技术“卡”住我国现代化建设进程的“脖子”。

二、以抢占科技制高点夺取发展主动权

经过长期努力，中国特色社会主义进入了新时代，我国已经站在新的历史起点上。党的十九届五中全会提出，立足新发展阶段，贯彻新发展理念，构建新发展格局，推动高质量发展，开启全面建设社会主义现代化国家新征程。我们必须完整、准确、全面贯彻新发展理念，坚持创新驱动发展，全面塑造发展新优势，深入实施科教兴国战略、人才强国战略、创新驱动发展战略，不断强化国家战略科技力量，提升企业技术创新能力，激发人才创新活力，完善科技创新体制机制。

当前和今后一个时期，我国发展仍然处于重要战略机遇期，世界百年未有之大变局加速演进，新一轮科技革命和产业变革深入推进，国际竞争日趋激烈。以新一代信息技术为引领，生命健康、先进制造、新材料、新能源等相互促进，交叉融合，科技创新进入大融通时代，颠覆性技术不断涌现。我国科技发展与安全环境持续发生深刻变化，面临诸多风险挑战，尤其是面对美国全面遏制打压等重大风险挑战的冲击，关键核心技术被封锁，关键技术差距被拉大、发展能力被抵消的风险隐患加大。

科技领域始终处在大国竞争、大国交锋、大国博弈、技术对抗的最前沿，科技自立自强成为决定国家生存和发展的基础能力。我们必须从维护国家安全与发展、保障国家核心利益的战略全局出发，自觉扛起加快科技自立自强的顶梁之责，以抢占科技制高点夺取发展主动权，以科技领先优势塑造国际竞争优势，坚定不移发挥好国家战略科技力量的强大支撑作用。

三、把核心技术掌握在自己手中

2021 年是中国共产党成立 100 周年，也是中国航天事业创建 65 周年。一部中国航天史，就是一部自力更生、自主创新的发展史。我们的事业在“一穷二白”中从零开始，遭受过“技术断援”，更遭受长期的“制裁打压”。但我们始终认为，必须加强自主创新、加快科技自立自强，绝不能把核心技术“命门”拱手交给别人。航天科工在党中央的坚强领导下，以科技强军、航天报国为企业使命，埋头苦干、奋斗拼搏，在自主创新能力和水平上取得了“量、质、效”整体提升，推动了我国航天事业及国防武器装备建设实现大发展。

面对新形势新任务新要求，航天科工将始终胸怀“两个大局”，心系“国之大者”，坚持创新在发展全局中的核心地位，牢牢掌握发展主动权，在自主创新上不断实现新突破，努力成为加快科技自立自强的排头兵、走在“第一方阵”。

一是打造航天领域的国家战略科技力量。航天工业拥有近 300 个专业技术门类，具有较完整的专业技术体系，在关键共性技术、前沿引领技术、现代系统工程技术、颠覆性技术创新等方面有重大突破，形成了一批国家级科技进步成果，积累了组织国家重大科技工程的丰富经验。要以实现国家使命和战略目标为导向，开展基础研究、前沿技术研究和学科交叉研究为主攻方向，为强化国家战略科技力量，当先锋、打头阵，贡献航天人的智慧和力量。

二是加大关键核心技术攻关。为确保产业链供应链安全，必须提高关键核心技术攻关能力和自主可控能力，攻克关键核心技术和“卡脖子”难题，解决受制于人的问题，在强化已有优势领域基础上，力争在专用元器件、工业软件等非优势领域取得新突破，坚决打赢事关国运的科技斗争，把发展主动权牢牢掌握在自己手中。

三是加强基础研究和应用基础研究。科学技术基础研究和应用基础研究是原始创新的源头，一项发明可能颠覆一个产业，一个新理论可能颠覆一个领域。要进一步解放思想，敢闯无人区，在新技术、新产品、新产业、新装备、新业态上抢占战略制高点，在独创独有上下功夫，打造新高地，加强前瞻性、先导性、探索性的重大技术研究和新概念研究，着力提升原始创新能力。

四是推进数字产业化和产业数字化。数字经济已成为我国经济发展的新引擎。要深刻把握历史机遇，推动数字经济与实体经济深度融合，不断提升企业数字化、智能化水平。积极抓好数字航天战略实施落地，推动智慧企业建设，加快推进智能制造、协同制造、云制造，加快实现数字化转型、智能化升级，用数字技术赋能企业转型升级。

五是加大研发投入。持续的研发投入是取得关键核心技术突破的物质条件，实现科技自立自强，一定要加大研发投入。要多措并举，用好激励政策，增加研发投入，优化创新投入结构，增加基础研发领域的投入，集中资金开展关键核心技术攻关，促进产业结构调整和产品升级换代。

六是加大领军人才队伍培育力度。人才资源是第一资源，创新驱动实质上是人才驱动。科技要自立自强，人才是关键。要聚天下英才而用之，着力建设一支科学素养优良、技术功底深厚、工作作风过硬、结构规模优化的创新人才队伍，通过多种途径和方式发挥人才队伍作用，加快形成有利于人才队伍干事创业的体制机制，为他们施展才华提供更加广阔的天地，让他们在科技自立自强中把自己的聪明才智和能量充分释放出来。

坚持科技自立自强 坚定履行强军首责 奋力谱写空天防御事业发展新篇章

二院党委

2021年是中国共产党成立100周年，习近平总书记“七一”重要讲话，立足我们党百年华诞的重大时刻和两个“一百年奋斗目标”历史交汇的关键节点，回望光辉历史、擘画光明未来，是指引全党全国立足百年大党新起点、面对百年未有大变局、接力百年奋斗新征程的伟大政治宣言。我们必须要深入学习、深刻领会总书记重要讲话精神，沿着总书记指引的方向，坚定走好新的赶考之路。

以史为鉴开创未来，我国航天事业创建65年来，在党中央、国务院和中央军委的正确领导下，一代代航天人始终听党话、跟党走，依靠自力更生、自主创新书写了一部惊天动地的航天事业发展史。我们也坚信，坚持党的全面领导，坚持科技自立自强，二院必将取得空天防御事业发展更加辉煌的成就。

一、党开创空天防御事业，让国人挺直脊梁

1957年11月16日，党中央决策成立我国第一个专门研究

导弹控制系统的研究院——国防部第五研究院二分院，这就是二院的前身。

为国铸盾是二院的神圣使命。早在 1957 年 10 月毛泽东参加苏联十月革命 40 周年庆典之际，在观看苏联研制原子弹、氢弹等尖端武器的纪录片时，便提出了“有矛必有盾”的思想。“有矛必有盾”的思想是二院立院之根本，也是二院的发展哲学，蕴含了二院人不懈奋斗的精神动力源泉。无论历史如何变迁，二院由党创建和领导，坚决听党话、永远跟党走，是二院矢志不渝的本色，服从国家需要，践行国家意志，始终是二院义不容辞的责任和使命。

姓党为党是二院的红色基因。1958 年，二院召开第一次党代会，确定“把科研事业置于党的绝对领导之下”的工作原则。传承军队“支部建在连上”的优良传统，在研究室设立党支部，配备专职指导员（支部书记），大力加强党的基层组织建设。深入贯彻《科研十四条》，“科技肉”“科技豆”极大鼓舞了科研人员。不断加强思想政治工作，“生在永定路，死在八宝山”的革命豪情，至今仍然激励着二院人不懈奋斗。

自力更生是二院的制胜法宝。由二院首任院长王诤将军力主、二院党委确立的“自力更生为主”建院原则，得到毛泽东主席和聂荣臻副总理的肯定。依靠自力更生、自主创新，二院人以志存高远的豪气、敢打必胜的勇气，使祖国的空天防御事业启航之初就取得骄人成绩，1960 年祖国的地平线上，飞起了我国自己制造的第一枚导弹东风一号，导弹的“大脑”——控制系统正是来自二院的设计。红旗二号是二院作为总体研制单位自主研制的第一型导弹，1967 年 7 月定型投入批产装备部队。1967 年 9 月，红旗二号成功击落美蒋 U−2 高空侦察机，捍卫了祖国领空的尊严。从此，美蒋被迫停止了 U−2 飞机对我国大陆的侦察飞行。

二、党领导空天防御事业，在改革振兴中创新发展

党的十一届三中全会作出了把工作重点转移到社会主义现代化建设上来的战略决策，使全国各条战线的工作发生了极为深刻的巨大变化。党中央准确分析科技发展趋势和国内外形势，作出关于加强技术创新、发展高科技的决定，加快武器装备发展步伐。在这一时期，二院科研生产工作取得突破性进展。

解放思想迈出改革发展新的步伐。在改革开放初期，二院党委明确提出要转变思想观念，要树立“自主、自立、自强”的“三自”精神。在思想观念上，改变传统的“等靠要”心理，要树立市场意识，积极拓展发展领域，争取更多的军、民、贸任务。在科技上，改变仿制跟随为主，要自主探索新的技术路径，发展新的型号，提倡艰苦奋斗、自强不息的精神，推动向“高科技、高效益、高水平科研生产经营实体”的企业转型。

自主创新推动掌握发展的主动权。20 世纪 80 年代后，二院任务调整为以潜地和地空两大类型号为主。1982 年，潜地导弹巨浪一号水下发射成功。“巨浪一号”是我国自行研制的第一型固体潜地战略弹道导弹武器系统，它的成功标志着我国成为世

界上第五个拥有潜艇水下发射核导弹能力的国家，具备了二次核打击能力。1990 年，第二代防空导弹武器系统——红旗七号完成设计定型，标志着二院成功重返地空导弹领域，填补了我军第二代低空防空导弹的空白。经过多年研制，第三代防空导弹武器系统完成设计定型，标志着我国防空导弹研制试验水平跨入世界先进行列，是我国地空导弹研制历史上的一个重要里程碑。依靠自主创新，二院发展成为我国空天防御技术总体研究院，成为中国航天事业和国防科技工业名副其实的主力军。

留才储才培养长远发展的内生力。前进的征途上并非畅通无阻。20 世纪 90 年代，“造导弹的不如卖茶叶蛋的”，航天科研人员流失严重。为了稳定和壮大人才队伍，二院党委率先在全系统破格聘用“小高工”“小研究员”。千方百计为年轻人协调住房、争取福利，解决孩子入托、上学等问题，让许多宝贵的科研人才留了下来。20 世纪 80 年代初，专门建立外场试验思想政治保障机制，试验队派驻政委、政工组的做法延续至今。

三、党全面领导、大力推动空天防御事业在新时代高质量发展，护航民族复兴中国梦

党的十八大以来，习近平总书记对航天事业发展高度关注、亲切关怀，从提出航天梦、强军梦，到设立中国航天日，再到概括探月精神、新时代北斗精神，强调“强国必须强军”“能战方能止战”“设计武器装备就是设计未来战争”等系列重要论

述，为推动航天事业高质量发展指明了前进方向、提供了根本遵循、注入了强大动力。

党建引领发展，大力推进党建与科研生产深度融合。二院党委坚持把政治建设摆在首位，充分发挥“把方向、管大局、促落实”领导作用，二院第七次党代会提出实现“五个一流”提升二院的核心竞争力，第八次党代会提出“五个大”战略发展思路，近年来二院党委召开战略管理会议研究制定企业发展重大战略部署，确立了建设世界一流航天安全防务企业的战略发展目标。坚持“两个一以贯之”，融入中心工作加强党的建设，党员突击队成为各条战线攻坚克难的“排头兵”。落实全面从严治党主体责任，强化干部人才队伍建设。二院连续多年被评为集团公司党建考核优秀。

能战方能止战，坚决扛起科技强军的光荣使命。坚决落实习近平强军思想，坚持创新发展，构建基本型、系列化发展格局，走出一条满足现代战争体系化、多元化需求的成功之路，形成多个系列化发展型号，实现从交装备向交体系、交能力转变，实现科研生产任务军种全覆盖，实现从传统防空向空天防御跨越发展，加速体系化、实战化、智能化转型，为世界一流军队建设提供有力支撑。在中国人民抗日战争暨世界反法西斯战争胜利 70 周年、庆祝中国人民解放军建军 90 周年和新中国成立 70 周年等阅兵庆典上，二院研制生产的多型先进防空导弹武器系统精彩“亮剑”，扬军威、壮国威，向世界展示了中国防空实力和国防力量的日益强大。

科技决定国力，主动担当科技强国的时代重任。聚焦国家安全。深化国家实验室、重点实验室等高端创新平台建设论证，牵头组建国家政法智能化技术创新中心，服务于社会治理与国民经济主战场。聚焦前沿颠覆性创新，成立未来实验室，制定关键核心技术攻关专项工作机制、奖励机制，全力突破“卡脖子”技术，努力打造原创技术“策源地”。聚焦构建新发展格局，抢抓机遇，发展商业航天、信创等战略性新兴产业，构建“1+4+N+M”的产业体系，打造“四个百亿”产业，争做现代产业链“链长”。

四、自觉扛起科技自立自强的顶梁之责，加快建设成为支撑世界一流军队的世界一流航天安全防务研究院

习近平总书记在庆祝中国共产党成立100周年大会上的讲话中提出，“必须加快国防和军队现代化。强国必须强军，军强才能国安。”他指出要把人民军队建设成为世界一流军队，以更强大的能力、更可靠的手段捍卫国家主权、安全、发展利益。

（一）坚守航天事业发展的“根”和“魂”

坚持党的领导、加强党的建设、弘扬航天精神文化，是航天事业发展的光荣传统、最大优势和力量所在，更是发展空天防御事业最鲜明的底色、最充足的底气、最深厚的底蕴，是二院的“根”和“魂”。

要坚持用习近平新时代中国特色社会主义思想武装头脑，

增强“四个意识”、坚定“四个自信”、做到“两个维护”。要从讲政治的高度把二院工作放在全面建设社会主义现代化国家新征程中去谋划和推动，胸怀“两个大局”，心怀“国之大者”，大力传承发扬两弹一星精神、载人航天精神、探月精神和新时代北斗精神等航天精神文化，将对党和国家的忠诚、对航天事业的热爱，转化为发展航天事业、建设航天强国的不竭动力，不断为实现中华民族伟大复兴中国梦提供强大支撑，展现听党指挥、为国尽责、为民奉献的实力担当。

（二）坚定扛起强军首责的使命担当

历史告诉我们，落后就要挨打。二院处于关系国家安全、铸牢国防基石的关键领域，作为国防建设领域的主力军，要深入贯彻落实习近平强军思想，牢牢把握战斗力这个唯一的、根本的标准，着力加快提升装备体系化智能化实战化能力，确保我们的武器装备在党和国家最需要时，召之即来、来之能战、战之必胜。

要着力搞好“事关国运”的国之重器项目和核心关键技术攻关，干好以重大科技专项为代表的战略科技任务。要打好关键核心技术攻坚战，有效解决制约装备发展的“卡脖子”问题。要推进前沿技术研究，全面布局未来重大科技发展方向，建设高端科技创新基地，努力打造原创技术“策源地”。要用好激励政策，增加研发投入，有效调动人员积极性，促进产业结构调整和产品升级换代。

（三）坚持打造素质过硬的人才队伍

人才资源是第一资源，是实现民族振兴、赢得竞争主动的战略资源，创新驱动实质上是人才驱动。科技要自立自强，人才是关键。

要注重搭建平台，全程培育勇攀创新高峰的青年后备军。遵循人才成长规律，分层级实施科技人才成长计划，搭建适应创新人才成长的事业平台，探索“人才+工程”抓建模式，按照紧前选苗、长线培养、接茬储备的思路，积极推进青年创新型拔尖和优秀后备人才队伍建设，设立青年院士后备人才队伍，对外推荐核心骨干和潜力大的青年人才。要聚天下英才而用之，加快形成有利于人才队伍干事创业的体制机制，为他们施展才华提供更加广阔的天地，让他们在科技自立自强中把自己的聪明才智和能量充分释放出来。

历史的画卷，在砥砺前行中铺展；时代的华章，在新的奋斗里书写。在新时代、新征程，二院将高举习近平新时代中国特色社会主义思想伟大旗帜，坚定沿着习近平总书记指引的方向，扛起科技强军、航天报国的神圣使命，聚焦主责主业，履行强军首责，加快科技自立自强，续写空天防御事业新辉煌，全力支撑世界一流军队建设和航天强国建设，以更强大的能力、更可靠的手段捍卫国家主权、安全、发展利益，为党和人民争取更大光荣！

许党报国，中国飞航事业成功的红色密码

三院党委

先进的导弹装备是决定战争成败的关键，是筑牢国防安全基石的利器。历史和现实告诉我们，战争是科技的博弈，是利器的较量。和平不能靠施舍，真理需要硬实力。作为中国飞航导弹事业诞生地的中国航天三院，是我国集预研、研制、生产、保障于一体，配套完备、门类齐全的飞航技术研究院。新中国第一型岸舰导弹、第一型空舰导弹、第一型超声速飞航导弹、第一型陆基巡航导弹……一枚枚自主研发的“大国重器”相继从这里问世。历经60年的创新发展，中国航天三院从无到有、从小到大、从弱到强，几代三院人秉承“科技强军 航天报国”的使命担当，探索出一条从仿制改型到自行设计、自主创新的发展之路。

中国航天三院姓党，红色是中国飞航最鲜亮的底色。三院从诞生之日起，就天然烙印着姓党为党的独特属性，肩负强军报国的责任使命。作为航天强国建设和国防武器装备建设的主力军，姓党为党始终是飞航人的本色，红色基因始终是飞航事业的根脉。

飞航事业的发展足迹，正是伴随着中华民族伟大复兴步伐坚定前行。今天，我们继续用红色基因法宝构建飞航人的精神图腾，引领飞航事业保持一往无前的动力，团结奋斗的内力，开新图强的定力，坚守初心，砥砺前行，朝着“十四五”擘画的宏伟蓝图奋发进取。

一、回望初心　寻溯飞航事业的红色根脉

新中国成立初期，百废待兴、百业待举，以毛泽东同志为核心的第一代中央领导集体高瞻远瞩，为打破帝国主义的核讹诈，毅然作出发展我国导弹航天事业的英明决策。中国飞航事业从战火纷飞的革命年代中走来，随着新中国导弹与航天事业的创立在三院所在的丰台云岗落地生根。

1957 年 12 月 9 日，遵照中央军委的命令，我军第一个综合性的导弹专业培训机构——中国人民解放军炮兵教导大队在北京长辛店外的云岗正式成立（也称长辛店炮兵教导大队）。同年 12 月 24 日，两枚 P-2 型地地训练弹导弹，以及一个营的主要技术装备运抵炮兵教导大队驻地——也就是今天三院西大院的所在地。云岗，成为中国最早有导弹的地方，新中国火箭和导弹事业的大幕也由此拉开。

新中国导弹和航天事业确立后，国防部第五研究院在“自力更生为主，力争外援和利用其他国家已有的科学成果”的方针指引下，先后启动了地地导弹、地空导弹的研制工作。不久，我国的第三个弹种——岸舰导弹的仿制工作也提上了日程。

1960年4月，组建了海防导弹总体设计部（设在国防部五院一分院），开始进行“544”反舰导弹的仿制工作。1961年9月1日，“中华人民共和国国防部第五研究院第三分院”正式成立，代号为中国人民解放军〇六三八部队，航天三院由此诞生。

从此，一批批从军队、军事院校、大中专院校、军工厂层层选拔而来的革命战士从祖国各地赶来，红色的基因与军队的作风在这里碰撞交融，忠诚的信仰与坚定的信念在这里汇聚交织，“国家利益高于一切”在那时就已成为祖国和人民对飞航人的要求，也是飞航人内心最坚定的信仰和信念。在党的领导下，三院人不屈不挠、艰苦奋斗，依靠自己的力量，圆满完成了首枚“争气弹”的成功仿制，并迅速转入自行设计、独立研制阶段，解决了人民海军岸防部队所急需的岸舰导弹武器装备。时任中央军委副主席的聂荣臻元帅激动地说：“‘海鹰’起飞了！”人民海军终于有了自己的导弹武器！

精神的伟力，总能带来心灵的震撼。革命精神伴随着飞航人的奋斗征程，在时间的坐标上形成了红色的精神底色。

党旗所向，就是飞航人的奋斗方向。中国飞航前进的每一步都是填补空白的脚步，走的是拓荒之路。这个当年白手起家的导弹试验研究院，经过六十年的艰苦创业、艰辛探索、接续奋斗、创新发展，从最初的仿制改型到自主研发再到自主创新，在飞航导弹技术上已经由“跟跑者”向“并跑者”和“领跑者”转变，实现科技自立自强。这块荒无人烟的小小山岗，已经绿树成荫，栋梁之木云集，这里已经是我国原创技术的“策源地”，是科学家的沃土、企业家的摇篮和大国工匠的胜地。

一批戎马生涯、久经考验，后又为航天事业铺路创业的老前辈，一套服务基层、忠于职守、作风扎实、干实事的管理体系，一种忠诚祖国、不计名利、献身事业、迎难而上的科研精神，这是三院从艰苦初创时期继承下来最宝贵的精神财富，也是飞航事业不断取得成功的基因密码。

二、与时俱进　探寻事业腾飞的精神滋养

20 世纪 80 年代，党中央决策实施“863 高技术项目”，邓小平同志明确提出“中国必须发展自己的高科技，在世界高科技领域占有一席之地”。随后，以江泽民同志为核心的党中央和以胡锦涛同志为总书记的党中央针对当时的国际斗争形势和发展形势，先后作出了加快国防装备建设和航天科技工业发展的重大决策，三院抓住机遇趁势而上，连续上了两个大的台阶，在国家武器装备体系中占据了十分重要的地位。

1997 年 1 月，三院党委提出“团结奋进，负重拼搏，科学求实，敢为一流”的“海鹰精神”（后改为“飞航精神”）。可以说，“飞航精神”是中国革命精神与红色基因的时代表达，是我们党和国家最宝贵的精神财富，是中国飞航事业持续发展的思想支撑、精神动力和文化源泉。

党的十八大以来，习近平总书记以领航者的政治魄力和智慧远见，亲自部署、亲自推动航天及国防领域重大工程、重大项目，提出航天梦是强国梦的重要组成部分，发出建设航天强国和科技强国的伟大号召。在党中央的坚强领导和关怀下，三

院瞄准世界科技制高点和前沿，组织国内300余家单位集智攻关，经过不懈努力，实现基础科学研究和关键技术攻关取得重大突破，打破国外“卡脖子”技术封锁，研发出了应对未来战争、维护国家安全的“大国重器”。

历史经验告诉我们，党中央举旗定向和坚强领导，就是中国飞航事业最坚实的靠山。

奋起在百废待兴的艰难起点，爱国忠诚的革命精神回荡在老一辈飞航人的共同誓言里：“我们所从事的工作，上不能告诉父母，下不能告诉妻儿。”“要为祖国国防尖端事业奋斗终生，心甘情愿做一辈子无名英雄。”他们在旧飞机场风沙飞扬的帐篷里风餐露宿，用废纸打浆再生的“马粪纸”做记录，经过五年多的奋战，完成了上游一号仿制任务，并建成了中国海防导弹第一个生产基地。

钻研在自立自强的创业精神书写在京西云岗后山上一个荒草蔓生的大土坑里，那是自行研发的多用途反舰导弹“鹰击八号”的试车台。在研制试验条件十分困难的情况下，科研试验人员采用“土办法”，在山坡上清理出一块空地、挖个土坑，把发动机尾喷口冲上埋在坑里，进行了史无前例的主发动机热试车。

崛起在改革开放的广阔天地，飞航人锐意进取，奋发有为，苦干巧干，自立自强，成就了名扬世界的“中国飞鱼”；成功研制陆基巡航导弹，使我国成为继美俄之后第三个具备巡航导弹独立研发能力的国家；由三院研制生产的五型导弹武器装备盛装亮相2009年国庆阅兵，向世界宣告我国自主研发飞航导弹武器实现了新的飞跃和突破。

党的十八大以来，飞航人继续追梦在强国强军的伟大时代，创新、协调、绿色、开放、共享的新发展理念在三院落地生根、日渐茁壮，引领飞航事业高质量发展的精神力量有了新时代的内涵。在社会主义核心价值观的指引下，三院人全面实施创新驱动发展战略，切实提高关键核心技术创新能力，武器装备生产交付和售后保障能力进一步提升，产业发展在新旧动能转换中升级转型，改革创新、破局开路，推动中国飞航的航船驶向高质量发展的新航程。

新中国飞航事业秉承强军报国使命，为维护国家统一、建设强大国防、促进经济社会发展作出了卓越贡献。

“功成不必在我，功成必定有我”“什么都不说，祖国知道我”“祖国终将选择那些忠诚于祖国的人，祖国终将记住那些奉献于祖国的人”，这是飞航人的心声，承载了一代代飞航人的信仰与初心。

三、永立潮头 开创高质量发展新局面

“要努力把党的历史学习好、总结好，把党的成功经验传承好、发扬好，把航天精神、飞航精神弘扬好，把肩负的强军使命和国家责任完成好，在全面建设社会主义现代化国家的新征程上向党和人民交出一份满意的答卷。”三院党委书记史新兴在三院党史学习教育动员部署会上的讲话，明确了在党史学习教育过程中，传承红色基因，弘扬和践行航天精神、飞航精神的

具体要求。

通过拉条挂账、细化分解，三院在党史学习教育工作中重点增加了对中国航天事业发展和飞航事业发展、航天精神与飞航精神传承等方面的学习要求。三院党委领导带头学习备课，将党的百年奋斗历史、宝贵经验、科学理论与三院工作实际和飞航事业高质量发展要求紧密结合讲授专题党课，教育引导广大干部职工深刻认识姓党为党始终是飞航事业的本色，加强对“科技强军、航天报国”这一神圣使命的内心认同。

创新方式方法，为党史学习教育注入航天特色。拍摄制作《中国飞航》系列纪录片——《海鹰起飞》《鹰击长空》《长剑震天》，讲述了飞航导弹史上跨越跨代发展的历史。利用航天红色资源，发挥三院党员教育基地、三院网上党校的作用，组织参观军博导弹馆，发掘中国人民解放军炮兵教导大队等重要航天精神教育基地资源开展线上线下体验教学；开展“飞航党史知识闯关”网络直播答题活动，在党史知识答题中融入航天知识、飞航知识，吸引两万余人次参加；结合建院60周年，征集飞航红色记忆和入党故事，制作《追忆梁守槃院士》清明特辑专题片在央视播出，开展线上线下航天前辈和英烈祭扫，在追思中学习老一辈航天人的爱国情怀和优良品质，汇编航天院士、专家和大国工匠、高技能人才等航天楷模故事，整理和弘扬他们身上体现的爱国奋斗精神、科学家精神、企业家精神、工匠精神，不断积蓄奋进前行的精神动能。

突出学用结合，将党史学习教育与推动飞航事业高质量发展深度融合。院党政主要领导通过专题党课、工作调研、座谈、会议讲话等各种形式，反复宣讲习近平总书记对航天事业和建设航天强国的重要讲话和指示批示精神，引导广大党员领导干部将三院的发展深深融入党和国家的事业大局，真正将当时学习教育成果转化为坚定的理想信念、正确的政治立场、科学的思维方式、有效的政策举措、显著的工作成效。

站在“两个一百年”奋斗目标历史交汇的关键节点，三院将继续以高度的政治自觉扎实推进党史学习教育，引导全体党员干部职工“学史明理、学史增信、学史崇德、学史力行”，坚持把传承红色基因、弘扬飞航精神与推进企业高质量发展相融合；引导广大干部职工深刻认识三院在推动国防和军队现代化建设、强化国家战略科技力量过程中肩负的重要任务，大力发扬红色传统、传承红色基因，继承共产党人的精神血脉，以更加坚定的信仰信念、更加高尚的理想情怀、更加昂扬的奋斗姿态，为国铸剑保和平，用航天技术和产品造福人民，不断推动飞航事业高质量发展，共同努力把建设世界一流飞航技术研究院的蓝图变为现实，不辜负党和人民的重托。

让三江精神放射出新的时代光芒

航天三江党委

今年是中国共产党成立100周年，是中国航天事业创建65周年。一百年前，中国共产党的先驱们创建了中国共产党，形成了伟大建党精神，成为中国共产党的精神之源。

航天三江是我国航天事业的中坚力量，创造了我国导弹武器发展史上的多项第一，多型武器装备参加了国庆35周年、50周年、60周年，纪念抗战胜利70周年，纪念建军90周年和国庆70周年阅兵。在50余年的发展历程中，航天三江形成了“团结争气、艰苦创业、求实自强、改革创新”的三江精神，成为公司不断前进的根本动力和不懈奋斗的精神源泉，是公司最宝贵的精神财富。进入新时代，我们要更好传承三江精神，从三江精神中继续汲取开拓奋进的力量，让三江精神放射出新的时代光芒。

一、从三江精神中汲取开拓奋进的精神力量

三江精神是公司50余年发展历程的生动写照。航天三江由

原四院和原九院于2011年合并重组而成。原四院前身是航天科工第四事业部，由四部、十七所、南京晨光公司、晨信公司等单位组成。四部成立于1965年，成立初期，面对当时复杂的国际安全形势，四部临危受命，牵头开展我国第一型固体潜地战略导弹研发，面对极其匮乏的研制条件和极其艰苦的工作环境，四部勇敢向困难发起挑战，于1982年成功研制出“巨浪一号”，标志着我国从此拥有了二次核打击能力，也奠定了原四院创新发展的基石。原九院前身是〇六六基地，1969年由周恩来总理亲自批准建设，选址在鄂西北深山远安，建设初期，环境极其艰苦，住的是芦席棚，吃的是碜牙米，喝的是山沟水。但老一辈〇六六人一把卡尺几把刀、芦席棚里搞科研，从零开始研制出了开创我国战术导弹先河的型号武器，〇六六基地也从此踏上了求实自强、改革创新的发展之路。航天三江50余年的发展史，是团结争气、艰苦创业、求实自强、改革创新最生动的写照。

三江精神是航天精神与“三线精神”的结晶。伟大的事业孕育伟大的精神，伟大的精神推动伟大的事业。一代代航天人在重大航天工程实践中不懈奋斗，铸就了“自力更生、艰苦奋斗、大力协同、无私奉献、严谨务实、勇于攀登”的航天传统精神，“热爱祖国、无私奉献、自力更生、艰苦奋斗、大力协同、勇于登攀”的“两弹一星”精神和“特别能吃苦、特别能战斗、特别能攻关、特别能奉献”的载人航天精神。在轰轰烈烈的三线建设时期，数百万建设大军用艰辛、血汗和生命书写了三线建设的辉煌篇章，并孕育出“艰苦创业、无私奉献、团结协作、勇于创新”的“三线精神”。三江精神与航天精神、“三线精神”一脉相承，体现了航天精神和“三线精神”的深刻内涵，是航天精神在三线的生动写照，也是三线建设中航天事业的辉煌一页。

二、准确理解新时代三江精神的深刻内涵

精神是一个企业的根基和血脉。但精神不是一成不变的，会随着时代进步、企业发展不断注入新的内涵，同时，饱含时代生命力的精神又反过来推动企业不断发展。踏上新征程，我们要准确理解三江精神新的时代内涵。

团结争气：就是要形成上下同欲的大局意识、深度融合的两地格局、同创共享的协作观念、运转协调的整体优势，以及不惧怕压力的进取精神、敢为人先的竞争意识、经受考验的坚强性格、永远向前的坚定信念。

艰苦创业：就是要牢记初心使命，履行强军首责，继续保持谦虚谨慎、不骄不躁、艰苦奋斗的作风，牢固树立敬畏意识、精品意识、责任意识，不断开拓进取，为建设航天强国贡献力量。

求实自强：就是要一切从实际出发，聚焦主责主业，坚持高质量发展，始终尊崇科学、真抓实干、追求实效，努力做到员工自尊自爱、企业自力更生、科技自立自强。

改革创新：就是要观大势谋大局，解放思想、转变观念、与时俱进、深化改革，始终坚持守正创新，大力推动自主创新，

努力建设一流航天企业。

三、以三江精神推动公司“十四五”高质量发展

人无精神则不立，国无精神则不强。同困难作斗争，是物质的角力，也是精神的对垒。一个人、一个企业、一个国家唯有在精神上站得住、站得稳，才能在各种风险挑战和困难挫折面前挺立潮头。迈上新征程，航天三江要更好传承三江精神，要将三江精神作为企业创新发展的基石，作为干部职工安身立业的根本，努力将三江精神发扬光大，以三江精神推动公司“十四五”高质量发展。

传承三江精神，要以党的领导筑根立魂。航天事业 65 年取得的成就，最根本的原因是始终坚持党的领导，发挥集中力量办大事的体制优势。航天三江从创建伊始，就是听从党中央“好人好马上三线、备战备荒为人民”的号召。航天三江 50 余年取得的成绩，更是在党的领导下一步步实现的。在新的发展征程上，航天三江必须始终坚持党的领导，始终走在增强“四个意识”、坚定“四个自信”、做到“两个维护”的第一方阵，始终胸怀“两个大局”、牢记“国之大者”，始终坚持服务国家战略、服务国防建设、服务国计民生的使命地位，立足新发展阶段，完整、准确、全面贯彻新发展理念，在构建新发展格局中推动航天事业高质量发展。

传承三江精神，要以初心使命强化担当。三江精神的核心

价值体现在“报国奉献”上，〇六六基地第一型战术导弹也叫“争气弹”，就是要为国防建设争气、为国家争气。老四院在极其艰苦的条件下研制出“巨浪一号”，靠的更是矢志不移的强国之心。在新的征程上，航天三江必须牢记“科技强军、航天报国”的初心使命，始终聚焦主责主业，坚定履行强军首责，始终把为我军提供适应现代化战争形态的先进武器装备作为发展之本，始终站在设计武器装备就是设计未来战争的高度，以装备体系化、体系智能化、智能实战化为方向，以强烈的责任感、使命感，加快武器装备建设步伐，努力打造新质作战装备体系，为我军能打仗打胜仗提供装备基础。要坚持“质量就是生命、质量就是胜算”的理念，不断提升全员“零缺陷”质量意识，持续完善质量运行体系和监督体系，坚持质量管理既要下苦功夫、又要用巧办法，努力交付好用管用、满足实战要求的武器装备，为实现建军百年奋斗目标贡献力量。

传承三江精神，要以团结争气凝心聚力。航天三江发展取得的成绩，靠的是团结争气、艰苦奋斗。1984年12月，时任航天部副部长鲍克明指出：“开了十天会，看了几个单位，印象很深，只可以用四个字概括：团结争气。成绩是团结争气的结果。今后要更加团结、更加争气，为实现基地的奋斗目标贡献力量。”无论是〇六六基地，还是老四院，战略地位都不是与生俱来的，靠的是自己团结争气争来的。迈进新征程，航天三江更加需要团结争气。要强化大局意识，克服小单位、小团体思想，始终站在航天三江整体发展的角度想办法、做决策。要深化干部两地交流、型号协作配套、总体部技术协同，推动融合走深走实。要弘扬争气精神，永远保持不服输不放弃不退缩的斗志，永远保持敢打敢拼敢闯的作风，永远保持老一辈航天人“闻战则喜”的状态。

传承三江精神，要以艰苦创业扎牢根基。航天三江是从艰苦环境中走出来的，深知创业的艰辛与不易。虽然现在发展条件、工作环境显著改善了，但是艰苦创业的精神不能丢。特别是不能盲目乐观，丧失危机感。当前，航天三江还面临诸多挑战，军用产业竞争形势异常激烈，坚守核心阵地、开拓新兴领域面临挑战。质量形势不容乐观，科研生产任务十分繁重，研制生产能力还不匹配。同时，创新发展能力不足、后续型号任务不足、核心能力支撑不足、高端领军人才缺乏、基础管理能力不足等问题突出，严重制约了公司高质量发展。面对当前形势，要弘扬新时代艰苦创业精神，新时代艰苦创业不是要求我们节衣缩食、因陋就简，而是要时刻保持危机感，走出舒适区，敢于到市场浪潮中去搏击、敢于到艰苦环境中去锤炼、敢于到改革前沿中去摔打，永远不忘创业初期的艰辛，永远保持艰苦奋斗的本色，永远保持开拓进取的锐气。

传承三江精神，要以求实自强推动转型。回顾航天三江发展历程，从海防产品配套生产到独立研制战术导弹型号，从单一军品研制到军民产业协同发展，贯穿始终的理念是求实自强。进入新时代，传承求实自强精神就是要始终从航天三江的实际出发，认清当前所处的阶段，认清面临的机遇挑战，不好高骛远，不盲目扩张，始终沿着主责主业的康庄大道前进，坚决抑制单纯的规模冲动，坚持高质量发展，坚持质量第一、效益优先，坚持脚踏实地、埋头苦干，稳打稳扎、步步为营，不务虚功、追求实效。传承求实自强精神要坚决克服等靠要的惰性思想，始终做到自力更生、自主发展，敢于同竞争对手较量、敢于在市场上独立打拼。要坚持科技自立自强，敢于突破瓶颈，牢牢把关键核心技术掌握在自己手上。

传承三江精神，要以改革创新驱动发展。迈上新征程，航天三江要持续深化改革，落实国企改革三年行动计划，扎实推动重点任务落实落地。要优化考核导向，发挥好考核指挥棒作用。要推进股权激励，更好激发核心骨干人才积极性。要积极推进股权多元化，引入现代企业治理机制，持续提升管理能力。要加快推动自主创新，在创新方向上，要聚焦“实战”“智能”“基础”三个方面不断加大力度，在创新方式上，要围绕“开放”“宽容”“长远”三个关键词不断创造实践。要全面构建适应武器装备发展的研发体系，不断提升总体部战略牵引和体系研究能力，不断提升主机厂专业技术能力。要持续加大研发投入，大力引进领军人才，着力打造国防事业的人才高地。要坚持科技创新、体制创新“两个轮子”一起转，努力在关键核心领域推出一批自主创新重大成果。

迈上新征程，全体干部职工要更好传承三江精神、弘扬三江精神、践行三江精神，从三江精神中汲取克服一切困难的强大斗志，汲取不懈奋斗的精神力量，汲取百折不挠的坚定信念，以全新的精神面貌为推动航天三江“十四五”高质量发展而不懈奋斗！

从党史学习中掌握统筹发展和安全的密码

航天信息党委

党的历史是最生动、最有说服力的教科书。航天信息党委坚决贯彻落实党中央关于党史学习教育的部署要求，学党史、悟思想、办实事、开新局，顺应国家数字经济发展浪潮，立足新发展阶段，在党史学习中统筹发展与安全，服务国家战略、服务国计民生，聚焦信息技术主业，不断强化航天信息服务平安中国建设的历史担当，切实增强“四个意识”、坚定“四个自信”、做到“两个维护”。

一、学史明理，进一步领会信息技术安全对国家发展的重要意义

回顾我们党为实现中华民族伟大复兴的百年奋斗史，始终高度重视发展和安全。一直以来，中国共产党始终坚持从具有许多新的历史特点的伟大斗争出发，总结运用党在不同历史时期成功应对风险挑战的丰富经验，不断提高应对风险、迎接挑战、化险为夷的能力水平，并作为不断前行的源动力。特别是

党的十八大以来，以习近平同志为核心的党中央，极具创造性地提出和践行总体国家安全观，开辟了中国特色国家安全道路，为航天信息发展提供了根本遵循。

信息技术产业的发展是国家大安全的重要组成部分，20 多年来，航天信息持续为国家税制改革和信息化建设提供有力支撑。进入新时代，航天信息胸怀“两个大局”，在党史学习中进一步感悟思想伟力，不断增强用党的创新理论武装头脑的政治自觉和思想自觉，总结党在信息技术领域发展的历史经验，推进信息技术产业化发展，主动扛起央企责任担当。在党史学习教育中深刻领悟中国共产党为什么能、马克思主义为什么行、中国特色社会主义为什么好，不断汲取新动能、推动新发展、取得新成效。

扎实推进党史学习教育，要教育引导全体干部员工从党的非凡历程中感悟马克思主义的真理力量和实践力量，特别是要结合党的十八大以来党和国家事业取得历史性成就、发生历史性变革的进程，深刻学习领会新时代党的创新理论，坚持不懈用党的创新理论最新成果武装头脑、指导实践、推动工作，统筹处理好发展和安全，推动企业高质量发展。要在历史中获得启迪，提炼克敌制胜的法宝，应对前进道路上各种可以预见和难以预见的风险挑战，坚定不移扛起航天信息在全面建设社会主义现代化国家中的应有职责。

二、学史增信，进一步把握国家信息技术产业发展的历史主动

中国共产党领导中国人民走过百年历程，迎来从站起来、富起来到强起来的伟大飞跃，就在于始终把信仰信念当作政治灵魂和精神支柱。学史增信，就是善于从浩瀚党史中感悟理想信念的伟力，树立大历史观，从历史长河、时代大潮、全球风云中分析演变机理、探究历史规律，提出因应的战略策略，增强工作的系统性、预见性、创造性。赓续共产党人的精神血脉，永远擦亮共产党人的政治本色。

航天信息作为以信息安全为核心的国有控股上市公司，长期深耕信息技术领域，把“成为国际一流的信息产业集团，致力于信息更安全、更增值，社会更智慧、更诚信”作为发展愿景，坚决贯彻落实习近平总书记关于区块链、量子科技等行业的指示批示精神，深入推进区块链和密码两个方向技术攻关，在车辆全生命周期管理、疫苗监管、多式联运、铁路物流等十余个领域应用落地。作为国资委标杆“科改示范企业”，积极落实国企三年改革行动，抢抓发展机遇推进信创业务高速发展。着力推进核心技术产品的产业化和应用推广，建立完整的信息安全技术、产品、解决方案及服务体系，保障新技术、新应用的安全，为国家、企业和个人的网络信息安全保障提供产业支撑。

扎实推进党史学习教育，要教育引导全体干部员工始终把

握历史主动、锚定奋斗目标，在历史前进的逻辑中前进、在时代发展的潮流中发展。准确把握国家安全基本规律和国家安全形势变化新特点新趋势，增强历史自觉。进一步深化中国特色国家安全理论体系的认识，以总体国家安全观为统领，处理好发展与安全的关系，发挥航天信息在信创领域发展优势，提升国家安全实力，运用发展成果夯实国家安全基础，将企业使命融入中国特色社会主义的伟大事业之中。

三、学史崇德，进一步提升自觉维护国家信息安全的信仰信念

对共产主义的信仰，对中国特色社会主义的信念，是共产党人的政治灵魂，是共产党人经受住任何考验的精神支柱。百年征程中，我们党所培育的光荣传统和优良作风，构筑起了中国共产党人的精神谱系。习近平总书记指出："在新时代，坚定信仰信念，最重要的就是要坚定中国特色社会主义道路自信、理论自信、制度自信、文化自信。党的百年奋斗历程和伟大成就是我们增强'四个自信'最坚实的基础。"

党的十九大报告强调，统筹发展和安全，增强忧患意识，做到居安思危，是我们党治国理政的一个重大原则。航天信息作为中国航天科工集团有限公司控股的上市公司，创立伊始便传承了护航国家安全的基因，在发展中始终坚持总体国家安全观，始终坚持以推动国家安全发展为首要职责，贯彻落实建设网络强国的要求，深化网络安全和信息化工作。着力实施创新

驱动发展战略，进一步把握发展主动，加快关键核心技术攻关，努力打造原创技术“策源地”，争当现代产业链“链长”，坚决把技术进步和产业发展的主动权牢牢掌握在自己手中。

扎实推进党史学习教育，要教育引导全体干部员工深化党的历史中关于统筹发展与安全的重要性的认识，深刻理解、准确把握建设更高水平的平安中国的战略意义，特别是习近平总书记关于总体国家安全观论述。要坚持不懈推进习近平新时代中国特色社会主义思想特别是关于网络强国的重要思想的学习贯彻落实，把推进国家安全、加强核心技术攻关总体要求内嵌到企业的发展中，传承红色基因，全力投身新时代网信事业发展伟大实践，为全面建设社会主义现代化国家提供有力服务、支撑和保障。

四、学史力行，进一步推进航天信息技术产业高质量发展

中国共产党一百年来，在应对各种困难挑战中，锤炼了不畏强敌、不惧风险、敢于斗争、勇于胜利的风骨和品质，形成了“坚持真理、坚守理想，践行初心、担当使命，不怕牺牲、英勇斗争，对党忠诚、不负人民”的伟大建党精神，构筑起了中国共产党人的精神谱系，为我们立党兴党强党提供了丰厚滋养。习近平总书记强调，“中国共产党之所以历经百年而风华正茂、饱经磨难而生生不息，就是凭着那么一股革命加拼命的强大精神。”

航天信息一直都是在党的坚强领导下笃定前行。进入新时代，航天信息要坚决贯彻落实习近平总书记关于建设更高水平的平安中国部署要求，深入理解把握新发展阶段、贯彻新发展理念、构建新发展格局的理论内涵和实践要求，顺应产业互联网发展浪潮及网信创新应用趋势，不断推动信息技术产业高质量发展。探索新技术、应用新模式、培育新产业，不断提升信息安全产业化发展能力，打造信息技术产业领域竞争力、创新力、控制力、影响力、抗风险能力处于行业领先地位的“专精特新”型企业，在服务和融入新发展格局上展现更大作为，坚定不移扛起航天信息在全面建设社会主义现代化国家中的应有职责。

扎实开展党史学习教育，要教育引导全体干部员工深刻认识红色政权来之不易、新中国来之不易、中国特色社会主义来之不易，不断增强历史定力。要坚决听党话、跟党走，用党史的深厚积淀砥砺初心、鼓舞斗志，紧紧围绕以信息安全为核心，坚持系统观念、统筹发展和安全，发挥信息技术发展优势，为全面建成社会主义现代化强国、实现中华民族伟大复兴的中国梦贡献航天力量。

成就综述篇

薪火传承　为国铸剑

科技强军创新路　航天报国护和平

——中国航天科工热烈庆祝中国航天事业创建65周年

赵　聪　任长胜

毛泽东同志曾说："在今天的世界上，我们要不受人家欺负，就不能没有这个东西。"

邓小平同志说："这些东西反映一个民族的能力，也是一个民族、一个国家兴旺发达的标志。"

江泽民同志指出："国防科技和武器装备发展是衡量国防实力的重要标志，对一个国家、一支军队来说极为重要。"

胡锦涛同志对航天人说："你们从事的工作很不简单。"

习近平总书记强调："基础的、核心的东西是讨不来买不来的，要靠我们自力更生、自主创新来实现。"

党和国家领导人念念不忘的"东西"，正是中国航天科工集团有限公司的使命与担当。从1956年到2021年，六十五载求索之路，航天人奔着这个"东西"而去。

一、在党的领导下发展壮大

65年前，为了建立起自己强大的国防力量，党中央以长远的眼光和非凡的气魄，果断作出了突破国防尖端技术的伟大战略性决策，领导和开创了中国航天事业，为中国人民挺直腰杆“站起来”打了“先手牌”。

在党中央的大力号召和努力争取下，钱学森、任新民、屠守锷、黄纬禄、梁守槃等一大批杰出科学家和各领域各行业的英杰汇聚，创建并发展起了中国的航天事业。在党中央的领导下，中国航天事业建立起了全国“一盘棋”的大协作机制，科学地制定出发展规划和方针。

步入改革开放新时期，中国航天事业逐步实现了从导弹工业到航天产业、从国防安全向富国强军、从传统封闭模式向开放融合模式的历史跨越。航天人听从党中央号令开辟了自主创新发展之路，适应中心工作转移，科学构建航天系统工程理论和方法，总结提炼了航天精神，集聚了发展航天事业的强大动力。

党的十八大以来，习近平总书记对我国航天事业高度重视，多次亲切会见航天重大任务参研参试人员代表，多次深入航天科研生产发射基地一线考察视察，与航天科技工作者面对面交流、提出殷切期望，明确了建设航天强国的宏伟目标。这一时期，中国航天科工坚持以习近平新时代中国特色社会主义思想为指导，不断加强党对航天事业的全面领导，若干领域实现从“跟跑”向“并跑”“领跑”转变，研制的系列大国重器有力支撑了世界一流军队建设，为捍卫国家主权、安全、发展利益提供强大能力和可靠手段。

从1956年到2021年，回望中国航天事业走过的65年，其发展壮大的每一步都与党和国家的前途命运紧紧相连。

65 年来，一代又一代航天人始终听党话、跟党走，创造了一部惊天动地的航天事业发展史、顶天立地的科技自立自强史、战天斗地的航天精神传承史，书写了党史中浓墨重彩的壮丽篇章。

实践证明，党的坚强领导是发展航天事业的制胜法宝，是建设航天强国的最大政治优势，也是实现航天梦、强军梦、中国梦的根本保证。

65 年来，从航天传统精神、“两弹一星”精神、载人航天精神到探月精神、新时代北斗精神，中国航天事业孕育形成的航天精神，是伟大建党精神在中国航天事业发展中的鲜明表达，是中国共产党人精神谱系的重要组成和中华民族宝贵的精神财富，是推动中国航天事业创新发展最基本、最深沉、最持久的精神力量。

一代又一代航天人在航天精神的感召下，满腔热血、无私奉献、朝乾夕惕，全力以赴完成好党和人民赋予的神圣使命任务，汇聚起建设航天强国的磅礴力量。

“我将竭尽努力，使我的同胞能过上有尊严的幸福生活。”这是钱学森回国时的铮铮誓言。

“纵使世界给我珍宝和荣誉，我也不离开我的祖国。”黄纬禄院士最喜欢用诗人裴多菲的诗句鼓舞自己。

“我一生的最大追求，就是在实现中国梦上多做一些工作。”这是陈定昌对自己一生的定位。

这是航天人对党和人民的回答。

二、航天事业筑牢国防基石

“科技强军、航天报国”是中国航天科工与生俱来的使命，也是中国航天梦之蓝。

1956年10月成立的国防部第五研究院，是航天两大集团的前身，是中国导弹的摇篮，是为国铸剑的阵地。新中国成立初期的中国航天“一穷二白”，但是，许铮铮誓言、怀一腔热血的中国航天人不畏艰难，摸索出一条从仿制改型到自行设计、再到自主创新的发展之路。

1960年，苏联撤走了援建专家，仅3个月，在祖国的地平线上，就飞起了由我国制造的第一枚导弹。

1964年，我国第一颗原子弹爆炸成功。1966年，可用于实战的导弹核武器宣告超级大国的核垄断和核讹诈彻底破产。

1967年，我国自主研制的防空导弹红旗二号定型列装，成功击落美制U-2高空侦察机，迫使入侵者再不敢进犯新中国的领空。

1982年，潜地导弹巨浪一号水下发射成功，标志着我国具备了二次核打击能力，使我国掌握了更多的战略主动权。

65年来，中国航天科工创造了我国国防武器装备建设史上一个又一个辉煌的“第一”：第一型实战应用的防空导弹武器系统、第一型超声速飞航导弹武器系统、第一型潜地战略导弹武器系统、第一型巡航导弹武器系统、第一型弹道导弹武器系统、第一型固体机动发射的弹道导弹武器系统、第一台固体火箭发动机、第一型潜射反舰导弹武器系统、第一台液体火箭发动机、第一台计算机、第一号中华人民共和国发明专利、第一号中华人民共和国实用新型专利等等。

钢铁巨龙，俯瞰神州；航天神剑，纵横苍茫。中国导弹工业以一个个“零”的突破创造了伟大奇迹，并在新中国阅兵式上向世界发出了最令人振奋的宣示。

大阅兵是检验国防实力的重大舞台。从 1984 年国庆大阅兵到 2019 年国庆大阅兵，由中国航天科工研制的导弹武器装备震撼亮相，东风劲吹、红旗招展、鹰击长空、巨浪奔腾、长剑啸天……在全国人民注视的目光中展现了烈烈军威，展示了大国自信。

65 年筚路蓝缕，中国航天科工已成为名副其实的中国导弹工业领跑者和中国航天事业的主力军，围绕服务国家战略、服务国防建设、服务国计民生的企业定位，聚焦主责主业、履行强军首责，着力强化航天、防务、安全三方面支撑作用，奋力建设世界一流航天防务集团公司，为建设航天强国、实现中华民族伟大复兴再立新功。

中国航天科工党组书记、董事长袁洁强调：“我们要将科技自立自强作为核心战略基点，大力实施创新驱动发展战略，着力提升自主创新能力，争当创新型国家和社会主义现代化国家建设的排头兵和主力军，努力成为国家战略科技力量和强国强军的核心力量。”

三、航天产业织就飞天梦想

党的十九大报告作出“建设航天强国”的战略部署，作为中国航天事业的主力军之一，中国航天科工积极参与并圆满完成载人航天、月球探测、北斗导航等国家重大航天任务，并率先擎起了新时代中国商业航天发展的大旗。

中国航天科工创新实施了一系列商业航天工程，力求推动涵盖天、临、空、地一体化信息支撑体系的构建，不断刷新着中国商业航天发展的新高度。成功进行世界上直径最大的500吨级固体发动机试车，快舟固体运载火箭形成常态化发射能力，成功发射国内首颗天基互联网和天基物联网试验卫星…… 商业航天从0到1，实现领跑。

“神舟”飞天、“天问”落火、“嫦娥”奔月……中国航天重大工程任务捷报频传，中国航天科工在其中扮演了重要角色，助力中华民族“飞天梦”一步步变为现实。

2020年12月17日，嫦娥五号携带月球样品返回地球，中国首次地外天体无人采样返回任务取得圆满成功，探月工程“绕落回”三步走规划顺利完成。中国航天科工研制生产了一系列高性能、高精度、高可靠产品，为嫦娥五号“绕、落、回”各阶段提供了全程保障支撑。此次任务中，我国在月球表面首次实现国旗的“独立展示”，月面国旗展示系统正是由中国航天科工研制。

2021年9月17日，神舟十二号载人飞船返回舱在东风着陆场安全着陆，神舟十二号载人飞行任务取得圆满成功。中国航天科工研制的系列产品用于“太空厨房”“太空医院”“太空空调”和环控生保系统，为航天员营造了舒适的太空环境。

2021 年 5 月 15 日，天问一号着陆巡视器成功着陆火星，中国航天科工研制生产的相控阵敏感器、高性能晶体元器件和电连接器、纳米气凝胶材料、加速度计、解锁分离装置等系列产品，为“天问一号”开展火星环绕、着陆和巡视探测作出重要贡献。

在历次重大工程任务中，中国航天科工总是冲锋在前。2021 年以来，各单位纷纷通过举行“党员突击队”“重温入党誓词”“党员承诺”等活动教育引导党员干部职工大力弘扬航天精神、坚持科技自立自强、牢记初心使命，高质量完成国家重大航天工程任务。

四、航天技术创造美好生活

航天不只“高高在上”，更与生活息息相关。中国航天科工不仅为国防现代化作出突出贡献，还积极投身于国民经济主战场，让航天技术惠及百姓生活。

中国航天科工助力打赢脱贫攻坚战。8 年来，在云南省的定点扶贫县（区），集团公司共计投入扶贫资金 6464.53 万元，先后投入 4.8 亿元资金进入中央企业扶贫基金，用于支持贫困地区产业发展。集团公司共援建扶贫项目 371 个，云南省昆明市东川区和曲靖市富源县 2 个定点扶贫县（区）均实现脱贫摘帽，助力布拖县8200余户、昭觉县“悬崖村”84户贫困群众乔迁新居。

新冠肺炎疫情暴发之际，中国航天科工研制的P2+方舱移动检测站，满足大规模提升核酸检测能力需求，在武汉抗疫保卫战和新疆、云南、黑龙江等地抗疫斗争中发挥重要作用；研制的我国首套模块化负压方舱医院，具有二级医院的医疗救治水平，仅需24小时即可快速展开启用；研制的航天互联网诊疗平台和航天云健康服务系统，帮助人们足不出户获取诊疗和健康服务。中国航天科工以实际行动在这次大战大考中践行着初心使命，充分彰显了航天精神、航天力量和航天担当。

在智能制造方面，中国航天科工依托完整的航天工业体系和新一代信息技术发展优势，倾力打造跨行业跨领域国家级工业互联网平台——航天云网，服务政府治理能力提升，赋能企业转型升级，助力产业链现代化与工业高质量发展。

在智慧产业方面，中国航天科工率先提出智慧产业概念，培育形成了城市、交通、环保、食药监等19个重点应用领域，取得了80余项国家级资质，与50多个地方省市政府形成战略合作关系，努力创建具有世界影响力的智慧产业生态集群。

在普通人身边，亦能感受到航天的魅力。

一名商务人士，使用商事登记秒批系统，10分钟可在自助打照机上领取营业执照；通过智能平台，可集中办理发票代开、发票申领、社保缴费等业务。这些便利，来自中国航天科工构筑的航天信息网络。

一杯滚烫的白开水，倒进杯子很快变温，方便即时饮用。

这个水杯的材料与我国“快舟”火箭使用了同样的航天相变材料技术。

目前，中国航天科工推动一批航天技术成果应用到国民经济的各个领域，对经济建设和社会发展作出巨大贡献。同时，中国航天科工积极践行人类命运共同体理念，积极参与和服务“一带一路”建设，持续开展高水平国际交流与合作，不断扩大与国际社会共商共建共享的朋友圈。

五、开启航天强国建设新征程

今年是中国共产党成立 100 周年，习近平总书记庄严宣告，我们实现了第一个百年奋斗目标，正在意气风发向着全面建成社会主义现代化强国的第二个百年奋斗目标迈进。

今年也是中国航天事业成立 65 周年，中国航天科工圆满完成了“十三五”规划任务，确定了“十四五”发展目标，正在建设航天强国新征程中加快建设世界一流航天防务集团公司。

新征程上，我们必须始终听党话、跟党走，在党的坚强领导下，站在全面建成社会主义现代化强国、实现中华民族伟大复兴的战略全局高度，自觉肩负起加快建设航天强国、世界科技强国的历史使命，确保我国航天事业始终沿着党中央指引的方向奋勇前进。

新征程上，我们必须秉承“国家利益高于一切”的企业核心价值观，坚定不移履行好“科技强军、航天报国”使命，坚决贯彻习近平强军思想和新时代军事战略方针，履行强军首责，为捍卫国家主权、安全、发展利益提供强大能力和可靠手段。

新征程上，我们必须始终围绕建设世界一流航天防务集团公司这一战略目标，立足新发展阶段，完整、准确、全面贯彻新发展理念，服务和融入新发展格局，聚焦主责主业，全面深化改革，推动航天事业高质量发展。

新征程上，我们必须牢牢把握实现高水平科技自立自强这一重要职责，面向世界科技前沿、面向经济主战场、面向国家重大需求、面向人民生命健康，争当加强原始创新的排头兵、推进自主创新的主力军、实现高水平科技自立自强的领跑者。

新征程上，我们必须始终站稳人民立场，把人民放在心中最高位置，把人民对美好生活的向往作为奋斗目标，必须坚决落实做强做优做大国有资本和国有企业重大部署，努力成为促进我国经济社会稳定运行的稳定器和压舱石。

梦想是蓝色的，底色是红色的。红色和蓝色交织，是一心向党、心系人民，是脚踏实地、仰望星空，是放飞神剑、收获和平，是炽热的梦想，是远大的抱负，是航天人永远不变的初心。

坚持党的领导
坚定理想信念　开创发展新局

——中国航天系统工程有限公司 28 年发展纪实

航天系统公司党委

在首都北京的南四环，企业林立的总部基地内，有一幢楼，它的楼顶四面都矗立着抢眼的“CASIC 中国航天科工”这些斗大的字，这就是中国航天系统工程有限公司的本部办公大楼。夜幕降临、华灯璀璨时，红红的“CASIC 中国航天科工”点亮了总部基地，成为西南四环一道亮丽的风景线。

一、求索起步，在自我超越中不断发展

1993 年，在钱学森倡导下，成立中国航天系统工程有限公司；随着航天事业的改革发展，2009 年航天系统公司并入中国航天科工信息技术研究院；2017 年，为进一步加快改革发展，航天系统公司与航天科工信息技术研究院一体化运行。经过多年发展沉淀，航天系统公司现已成为航天科工专业从事航天防务信息技术研究的骨干二级企业，是航天科工信息对抗、智慧产业及空间信息应用总体牵头单位和现代服务业重要支撑单位。

拥有10家企事业单位，分布于北京、江苏、广东等省市。

回望20多年的发展，航天系统公司在集团公司党组的正确指导下，在公司党委的坚强领导下，公司广大干部职工始终坚持“国家利益高于一切”的企业核心价值观，牢记“科技强军、航天报国”企业使命，服务国家战略、国防建设、国计民生，坚决贯彻落实党中央、国务院重大决策和集团公司党组各项部署，积极适应世界新军事革命发展趋势和国家安全需求，圆满完成载人航天工程、探月工程、北斗导航工程、国产大飞机等国家重大工程任务，参研参试人员多次受到党和国家领导人亲切接见。

经过多年励精图治，航天系统公司现拥有国家地方联合工程研究中心、仪器创新联合体、国防科技工业创新中心等3个国家级创新平台，获批8个省部级创新平台，是航天科工电磁信息数据中心等多个创新平台依托单位。在军工、交通、测绘、电信等领域具有完备资质。公司每千名研发人员累计有效专利拥有量423件。累计获得国家级科学技术奖6项、省部级科学技术奖146项，多项成果打破国外技术垄断，屡获殊荣。拥有国家级高层次计划专家、“百千万人才工程”国家级人选、享受国务院政府特殊津贴、省部级有突出贡献专家等一大批高层次人才，获国家科技进步特等奖等多项国家级荣誉表彰。

“十三五”以来，航天系统公司持续加强全局统筹和过程管控，强化目标牵引、问题导向、业务协同以及严格奖惩，深入挖掘所属单位经营发展潜力，主要经济指标保持平稳增长，经营规模与质量不断提升。与“十二五”时期相比，“十三五”

累计实现营业收入同比增长 137.68%，累计实现利润总额同比增长 35.75%，累计实现经济增加值同比增长 65.32%，产业结构向信息对抗、智慧产业、空间信息应用和现代服务业四大板块进一步聚焦，主业集中度保持在 90%以上。“十三五”以来，航天系统公司较好地完成了集团公司下达的年度经营指标和任期考核指标。

二、履职尽责，在担当中践行初心使命

航天系统公司以做强做优做大防务信息技术为目标，围绕四大产业板块积极培育战略性新兴产业，体系化形成了具有市场竞争力的产品与服务。

在信息对抗板块，航天系统公司以新时代强军目标为指引，切实履行强军首责。航天系统公司信息对抗装备覆盖陆军、海军、空军、火箭军、战略支援部队五大军种。作为我国空间频谱感知领域的开拓者，参与国家多型卫星研制任务，技术水平国内领先；作为我国航天电子对抗领域的开创者，为我军信息化战争条件下攻防能力提升作出了突出贡献；作为我国电磁蓝军装备体系规划和装备研发的引领者，提升了我军体系对抗能力；作为国内首家航天抗干扰试验检测中心，为航天装备抗干扰性能改进和提高发挥不可替代作用；作为航天科工电磁信息数据中心，已成为服务我军武器装备向信息化、智能化迈进的主力军。

积极响应国家数字中国、智慧社会部署，航天系统公司聚

焦数字技术与信息服务，构建智慧系统平台，打造智慧城市等各级应用，形成了以智能交通、智慧检测为核心业务的产业发展格局。在智能交通领域，连续多年名列中国城市智能交通市场系统集成商十强。承担国家级江苏（无锡）车联网先导示范区建设，牵头承建无锡地铁3号线、4号线一期站后综合工程，承建湖南“两客一危”智能监管系统建设，实现了城市智能交通、轨道交通、城际交通业务覆盖。以数据引擎为核心，不断拓展智慧城市感知、数据运营服务等新兴领域，助力智慧城市建设和治理能力水平提升。在智慧检测领域，是国内领先的模块化智能仪器生产企业和工业大数据应用服务提供商，面向复杂装备保障需求，实现了综合保障、智能仪器、健康管理等智慧检测产业布局。

在空间信息应用板块，航天系统公司秉承“天上好用，地上用好”理念，实现了在卫星通信、卫星导航、卫星遥感三大应用领域的产业布局。在卫星通信导航领域，航天系统公司是卫星通信系统主要承建单位和卫星通导装备重要承研单位。承建了我国“三张卫通网”，应急通信设备为北京奥运会、汶川地震抢险救灾等提供有力通信保障。积极布局并加快研发高通量卫星通信系统、卫星数据链、北斗时统装备，核心能力持续增强。在卫星遥感监测领域，公司全面掌握“光学、雷达、电磁频谱”等数据自主处理分析能力，处于行业领先地位；成功完成多型卫星地面应用系统研发并部署应用，为北斗卫星导航系统等国家重大工程建设作出突出贡献。

在现代服务业板块，航天系统公司聚焦数字化升级及社会消费需求，构建了“线上线下相结合”的集教育培训服务与生活服务为一体的现代服务体系，面向用户提供领导干部培训、战略咨询、教育培训等体系化服务，打造具有航天特色的现代服务业集群提供商。

立足国内、布局全球，航天系统公司积极践行“一带一路”倡议和合作共赢理念，携手国际合作伙伴，实施系列国际化经营项目，产品出口亚洲、欧洲、美洲等国家，为推动“一带一路”建设贡献着具有中国特色的“航天力量”。

三、善做善成，在奋进中开创新局

面向未来，机遇与挑战并存。航天系统公司深入学习贯彻习近平总书记重要讲话和指示批示精神，以高质量党建引领高质量发展，坚定不移地把党的领导融入公司治理各环节，推动党建工作与中心工作同频共振。

凡事预则立，不预则废。航天系统公司紧抓新时代赋予的重要战略机遇，育先机，开新局，立足新发展阶段，贯彻新发展理念，构建新发展格局，坚持问题导向和目标导向相统一，坚持中长期目标和短期目标相贯通，立足“三个服务”、以“三创新”为抓手，以“四个化”为导向，谋篇布局，统筹策划制定公司“十四五”规划和多个产业专项规划，为企业未来五年发展确定了时间表、路线图。

航天系统公司聚焦航天防务信息技术主责主业，持续提升信息对抗、智慧产业、空间信息应用、现代服务业四大产业板块产业基础能力与产业链现代化水平，大力实施创新驱动发展战略、人才强企战略、质量制胜战略、数字化转型战略，明确了中长期发展战略目标，到2025年，初步建成世界一流的航天防务信息技术公司；到2035年，基本建成国内领先，世界一流的航天防务信息技术公司；到21世纪中叶，全面建成世界一流的航天防务信息技术公司。确立了“十四五”发展思路，即确保实现一个战略目标，建强一个信息对抗总体，着力打造智慧产业、空间信息应用产业、现代服务业三大产业集群，全面提升技术创新、协同发展、资产运营和国际化经营四种能力，深入实施五大战略。努力建设成为国内领先、世界一流的信息对抗总体单位，实现向体系引领者的转型升级；成为集团公司智慧产业领军企业，国内外知名的智慧交通系统级解决方案提供商、核心基础产品供应商、运营服务商，国内一流的智能测控设备供应商和工业大数据服务商；跻身国内空间信息应用产业企业第一梯队；初步建立具有航天特色的现代服务业新业态。在竞争力、创新力、控制力、影响力和抗风险能力等方面全面提升、全面进步、全面增强，各项指标努力争取在国内和行业内均位居前列。

“理想信念决定着我们的方向和立场，也决定着我们的言论和行动。纵使前进之路充满荆棘，我们依然要努力前行。”站在“十四五”新的历史起点上，公司全体职工将不忘初心、上下同心、迎难而上、苦干实干，坚持用习近平新时代中国特色社会主义思想武装头脑、指导实践、推动工作，紧抓集团公司赋予的新战略地位和使命机遇，不断增强航天系统公司的竞争力、创新力、控制力、影响力和抗风险能力，把发展的主动权牢牢握在手中，全面开启建设世界一流航天防务信息技术公司新征程，用可持续高质量发展的新成效答好新时代新征程的新考卷。

推进高质量发展 谱写创一流新篇

——中国航天科工二院创新发展纪实

二院党委

这里是祖国神剑诞生的摇篮，这里是铸造空天神盾的沃土，多次击落U-2飞机的红旗导弹在这里孕育，雷震海天的潜射战略导弹在这里诞生，捍卫我国国土及空天安全的神圣事业在这里发展壮大。

这里就是我国空天防御事业的诞生地——中国航天科工二院。2021年是中国共产党成立100周年，也是我国航天事业创建65周年。建院以来，在党中央、国务院和中央军委的正确领导下，一代代二院人始终听党话、跟党走，肩负国家民族的重托，坚持“有矛必有盾”的发展哲学，敢于有梦、勇于追梦、勤于圆梦，以航天梦助力中国梦，谱写出祖国空天防御事业的华丽篇章。

一、不忘初心 履行圆梦航天的神圣使命

国之勇在于剑，国之强在于盾。1957年11月16日，我国第一个专门研究导弹控制系统的研究院——国防部第五研究院

二分院正式成立，这就是二院的前身。早在1957年10月毛泽东参加苏联十月革命40周年庆典之际，在观看苏联研制原子弹、氢弹等尖端武器的纪录片时，便提出了“有矛必有盾”的思想。正是秉承这样一种发展哲学和精神动力，二院人不忘初心、牢记使命，精心描绘了一幅共和国空天防御体系蓝图，筑牢国家安全的坚固基石。

20世纪60年代，二院研制的导弹试飞成功，在祖国的地平线上飞起了我国自己制造的第一枚导弹；二院研制的红旗二号导弹一举击落入侵的U-2飞机，捍卫了祖国神圣领土，毛泽东拍手称赞。以导弹武器系统总体技术、体系研究和系统集成技术为主导，二院在武器系统总体、导弹总体、精确制导、雷达探测、目标特性及目标识别、仿真技术、军用计算机及软件等领域处于国内领先水平，用雄厚技术实力和整体优势，支撑着我军“能打仗、打胜仗”这一强军目标。

二院坚持质量制胜战略，重点打造追求一次成功的“矩阵式”质量管理模式，获得我国质量领域的最高荣誉“中国质量奖”。近年来二院军品稳固发展，进一步确立了在空天防御装备体系技术总体地位。

二、产业发展 开拓圆梦航天的广阔道路

二院以“有矛必有盾”发展哲学为牵引，践行“大防务、大安全”的发展理念，利用在探测跟踪、指挥控制、制导控制等领域的技术优势，开发了气象雷达、“低慢小”目标拦截系

统、高稳定度星钟等民用产品，推动了军工技术在民品市场应用，有力推动了科技成果转化与创新驱动发展。

二院大力推进产业化发展，全国区域化产业发展新格局初步形成，重点百亿产业凝聚二院产业发展蓬勃动力。雷达产业新签合同突破百亿，多地布局、区域协同的产业化发展架构初步建立。信创产业中标合同突破百亿，市场占有率行业前三。航天产业虹云工程完成我国首次低轨卫星互联网+5G+物联网海上通信试验，交会对接微波雷达圆满完成嫦娥五号任务，实现世界首次月球轨道无人交会对接。智慧产业逆境中积极破局，构建“两圈三层”发展格局。医疗装备产业抢抓机遇，确立高端医疗设备国家队地位。

二院系统性推进区域布局战略，2020年设立二院成都分院，“走出永定路、面向全中国”区域布局战略迈出跨越性一步，并推进筹建重点区域总部、产业总部、研究分院，打造二院北京地区高质量发展的战略支撑。

三、创新驱动 激发圆梦航天的不竭动力

二院人坚信“有矛必有盾”，但二院人深知：核心技术是买不来的，唯有通过自主创新这个盾，才能攻克核心技术这个矛，才能在竞争中赢得先机，才能实现“科技强军航天报国”的企业使命。二院人用实际行动书写了一部创新史，用创新不断标注航天梦的新高度。

我国第一型地空导弹武器系统；

我国第一型潜地战略导弹武器系统；

我国第一型陆基机动地地固体战略导弹武器系统；

我国第一型低空、超低空防空导弹武器系统；

我国第一型中高空、中远程防空导弹武器系统；

我国第一台计算机；

第一号中华人民共和国发明专利；

第一号中华人民共和国实用新型专利……

这一连串可公开的我国历史上的“第一”，可管窥二院自主创新的光辉历程。其中，两项专利证书被国家知识产权局收藏在展厅里，并载入中华人民共和国的史册。

更值得骄傲的是，二院 4 次荣获国家科技进步特等奖，其中 2007 年、2008 年连续荣获国家科技进步特等奖，创国内该奖项获奖先河。

创新源于一流的创新体系。二院的奋斗史就是一部创新史，创新基因已经融入二院人的血液。经过多年积累沉淀，二院建立了符合自身发展需要的科技创新能力评价、专业技术能力评价指标体系，积极开展重大前沿技术探索，支撑和推动武器装备的发展和更新换代。

创新源于一流的创新条件和平台。近年来二院条件能力大幅跃升，一座座现代化的研发大楼拔地而起。二院拥有军工企业首批、集团公司首个国家重点实验室，1 个国家工程中心，多个国防重点实验室和国防科技创新中心，还与缅甸合作建立了首个国家级雷达与卫星通信联合实验室，创新平台层级与数量在国内处于领先，为高新前沿技术孵化、聚集高端领军人才提供了良好的软硬件环境。

创新源于持续的创新积累。二院攻克掌握了一大批具有自主知识产权的关键技术，专利数量持续攀升，“十三五”期间二院累计落实预研创新项目和经费，分别较“十二五”增加80%和45%以上，专利申请、授权量居集团公司前列，荣获第二十一届中国专利金奖项目1项。

四、从严治党 筑牢圆梦航天的强健根基

“有矛必有盾”思想指导二院发展，其中也蕴含着二院人的精神志向：二院人志在蓝天之上，决不会辜负党和国家的重托。

二院党委有力推动习近平新时代中国特色社会主义思想在二院大学习大普及大落实，将学习贯彻习近平总书记重要讲话和指示批示精神作为党委会第一议题，增强“四个意识”，坚定“四个自信”，做到“两个维护”，充分发挥“把方向、管大局、促落实”领导作用，二院第七次党代会提出实现“五个一流”提升二院的核心竞争力，第八次党代会提出“五个大”战略发展思路。近年来二院党委召开战略管理会议研究制定企业发展重大战略部署，确立了建设世界一流航天安全防务研究院的战略发展目标。二院推动党建工作与中心工作深度融合，坚持“两个一以贯之”，融入中心工作加强党的建设，全面提升党组织的组织力、凝聚力、战斗力，党员突击队成为各条战线攻坚克难的“排头兵”。二院连续多年被评为集团公司党建考核优秀。

二院坚持党管干部、党管人才，深入推进人才强企战略落

地实施，聚焦强军首责，依托二院承担的“国家重大工程、国家重大专项”为代表的战略任务，打造以院士领衔的一批战略科学家；聚焦高质量发展，将人才链与创新链、产业链有效对接，围绕全国区域产业协同布局，发挥国家重点实验室等国家级创新平台人才孵化作用，打造一批高端科技领军人才；聚焦科技自主创新，打造一批关键核心技术在手的高素质专业化创新人才；聚焦弘扬科学家和工匠精神，将人才培养与前沿创新、基础科研、工程实践等要素紧密结合，打造一批核心优势专业青年骨干人才。

新时代要有新气象和新作为，二院将以习近平新时代中国特色社会主义思想为指引，继续秉承“国家利益高于一切”的核心价值观和“有矛必有盾”的发展哲学，以构筑祖国空天防御长城为己任，坚定信心、埋头苦干，努力将二院建设成为世界一流航天安全防务研究院，为实现“两个一百年”奋斗目标和实现中华民族伟大复兴的中国梦作出新的更大贡献！

倚天铸剑启新程

——中国航天科工三院60年发展纪实

三院党委

绵绵太行山，巍巍镇岗塔，在北京的西南郊有这样一处神秘的地方。

1957年12月9日，中国人民解放军炮兵教导大队，在北京长辛店外的云岗正式成立。这个中国最早有导弹的地方，也就是今天中国航天科工三院西大院的所在地。新中国火箭和导弹事业的大幕也由此拉开。

一、历史，信念

1961—2021年，历史的车轮滚滚向前。

1961年9月1日，国防部五院三分院正式组建。一批批从军队、军事院校、大中专院校、军工厂层层选拔而来的革命战士从祖国各地来到云岗，奏响了航天人在这片神秘的土地上开拓、进取、奋斗、发展的序曲。

“就是饿着肚子，拼了性命，也要把导弹搞出来！”这是刚建院时第一代三院人的共同心声。创业伊始，第一型岸舰导弹

“海鹰二号”研制的关键时期又遭遇中苏关系恶化，援助专家撤走，图纸资料也都被带走了。艰苦的生活工作条件、严密的技术封锁，非但没有使大家退缩，反而激发起他们高涨的工作干劲。不久，时任总设计师梁守槃从篮球的结构得到启发，一举攻克了发动机油箱材料耐腐蚀性这一关键技术瓶颈。

在三院，“海鹰二号”被称为“争气弹”，意在争三院起家创业之气、争海军强大之气、争中华民族之气，志在甩掉“洋拐棍”，闯出一条独立自主的导弹研制之路。

1973 年 10 月，三院一群科研人员在三院西北角的荒沟里开展试验。他们将导弹的发动机头部埋在地里。大家站在百米开外的沟崖上，紧张地凝视着点火。试验竟成功了，当燃烧的火焰刚熄灭，实验组的成员便飞跑过去测量发动机表面温度，全然不顾还有毒烟。当时这枚导弹没有被正式立项，体积小，是个“黑户”，便被研究人员亲昵地称作“小二黑”。

1984 年，当它亮相国庆 35 周年阅兵式时，外宾们都惊呼它为“中国飞鱼”。“中国飞鱼”便是用“砖头支锅做野炊”的办法进行高科技燃烧获得试验验证的，正是在这样原始简陋的条件下，科研人员克服重重困难，将科技强军、航天报国写在实践当中。

1991 年，海湾战争爆发。“战斧”巡航导弹首次亮相，千里奔袭、精确打击，一时间震惊全球。“我们也要有自己的巡航导弹!”中央坚决表态。随即，一支以三院为主的“国家队”悄然集结，巡航导弹研制大门紧急开启。时任该型号总师刘永才院士有一句著名的口头禅：“活着干，死了算。”尽管经历过困顿、失败、怀疑，他们依旧没日没夜地干，直到创造了当时中国导弹武器发展史上的多个之最。2009 年 10 月 1 日，中国的巡航导弹方队庄严地驶过天安门广场，向世界宣布中国已成为继美国、俄罗斯之后拥有自己研制的巡航导弹的国家。

三院多型装备先后参加了国庆 35 周年、50 周年、60 周年、70 周年阅兵式、2015 年九三阅兵、2017 年朱日和沙场点兵，光荣接受党和人民的检阅。东风劲吹，鹰击长空，大国长剑昂首屹立，挺起了亿万国人的精神脊梁。三院航天人心里有说不出的自豪，因为这是他们用开拓拼搏向全世界发出最振奋的宣告。

心中有梦，脚下有根。60 年来，因心中有强军报国之梦，三院人在大漠深处渤海之滨苦战鏖兵，在蛟龙入水长剑凌空时欢呼雀跃，他们枕戈待旦、常备不懈，从争取外援到自力更生，从仿制改型到自主研制，三院按照“基本型、系列化”和“探索一代、预研一代、研制一代、生产一代”的型号发展思路，圆满完成 20 余个系列飞航导弹的研制任务。

二、变革，跨越

“安不可以忘危，治不可以忘乱。”三院人始终保持忧患意识，只争朝夕，与时间赛跑。回首来时路，航天三院走过的 60 年是一路顽强拼搏、迎难而上的奋斗历程。他们明白，在航天领域，面临的是科技创新的大挑战、大跨越，守护的是国家强盛和民族复兴，只有引领改变，与对手赛跑。

“企业要发展，产业要升级，经济要高质量发展，都要靠自主创新。”60 年来，三院以重大专项、重点型号为代表，在飞航导弹、空天飞行、无人机、水下装备、信息装备等多个领域取得辉煌成绩，为我国构筑新一代防务对抗体系贡献“飞航力量”。

回望中国飞航导弹事业的发展，就是一部不断超越、自主创新的历史。7 项国家科学技术进步特等奖、13 项国家科学技术进步一等奖、10 项国防科学技术进步特等奖，累计 1450 余项国家级和省部级科技奖，都记录着飞航人波澜壮阔的创新历程，在历代人的接续努力下，交出了一份漂亮的成绩单。

从描图翻译外文开始研制海鹰二号，用“土办法”完成“小二黑”试验，无论是简陋的实验室还是云岗荒郊山上，科技创新的火种被点燃，越是困顿越是燃起三院人超越自我的决心和勇气。三院布局打造“精品一代、领跑一代、突袭一代、超越一代”武器装备，推动战略性、前沿性、颠覆性技术加速发展，实现武器装备战斗力快速提升；在一揽子创新与改革政策的牵引下，三院前沿性、颠覆性技术攻关和成果应用不断显现：某型导弹历经曲折考验后连战连捷，在新领域占据一席之地；新一代精打体系武器系统青年创新团队解决并突破 40 余项重大关键技术，研制的产品 4 项核心指标国际领先，围绕制导控制、先进动力、惯性技术等核心技术领域，积极布局 5 个国家级科技创新平台；围绕人工智能、量子技术、新型动力、应用数学、先进材料等前沿性技术方向，与国内优势高校院所联合共建数十个联合创新中心，与 50 余名院士团队开展深度合作，联合论证立项 20 余个重大项目……

点燃科技创新的新引擎，改革是必不可少的点火系。近五年来，三院进行内部管理变革，强化科技创新和资本运营管理，以“三创新”方式组建信息装备、水下装备和磁悬浮与电磁推进三个新领域总体部，推进具有开放协同基因的创新研究院建设，为战略性新兴产业配置资源。

三院致力于核心技术自主创新，除在军用领域创新拓展之外，“一盘棋”推进民用产业转型升级，全力推动重大产业项目研发培育及产业化发展。

在新材料、无人机、先进动力、智能传感系统及应用、智能制造与智能机器人、智能信息与网信安全产业、增材制造等领域发挥优势，多项技术成为“国内首创”，实现技术跨越；以海底管道漏磁内检测器、油田钻井旋转导向系统等为代表的一批优质“专精特新”产品突破“卡脖子”技术、打破垄断，在国计民生关键领域发挥重要作用……

通过三院的发展实践证明，只要聚力国防科技自主创新、原始创新，加速形成强大的科技攻关能力和充满活力的创新生态，就一定能够牢牢掌握发展的主动权。

三、开拓，超越

20 世纪 80 年代初期，改革开放进入快车道，三院民用产业发展的征程开启。三院确立了“以军为本、军民结合、以民兴院”的发展战略，大力发展民用产业。从单个拳头产品到如今打造数百亿产业，三院按照“服务国家战略、服务国防建设、服务国计民生”走出一条高速稳定发展之路。

启动、滑行，机头昂起，直插云霄……2017 年 5 月 5 日，C919 大型客机首架机在万众瞩目下圆满首飞。该架飞机的后机身后段正是由三院 306 所航天海鹰（镇江）特种材料有限公司研制交付。为从航天“跨界”航空领域，三院 2011 年在镇江成立海鹰特材公司，80 多名科研骨干分三批从北京奔赴镇江，在这个全新而陌生的环境里开启自力更生的奋斗。

三院人不仅逐梦蓝天，也探索商业航天。三院打造天基网络地面服务平台，自主研制我国首个星座测运软件，携手腾讯云发起卫星即服务产业联盟。联盟将打通卫星通信、导航、遥感、监测、运行、姿态控制一体的技术架构，在商业航天舞台大展拳脚。

三院产业发展多点开花，聚焦空天装备、智能系统、先进制造、信息技术、商业航天五大发展方向，构建以“先进材料、动力产业、惯控产业、智能机器人、智慧产业”为主的重点产业，孵化培育了高速磁悬浮与电磁推进、卫星运营、增材制造、量子传感等战略新兴产业，打造产业集群和隐形冠军产品，有力支撑着三院经济规模不断壮大且服务国计民生。

2016 年 11 月 1 日，在第十一届珠海航展的第一天，三院的总师们忙得不可开交，一天下来接待了十几拨代表团。热情的人们和“兴奋”的闪光灯围着 CM302 导弹看个不停。“十三五”期间，三院国际贸易产品布局初步形成，营销取得开拓突破，国际知名度不断提升：珠海航展上首次亮相的超声速反舰导弹 CM302 大放异彩；WJ-600 无人机首次亮相某国国庆阅兵式，引起境外广泛关注；C802A导弹扬名海外，进一步巩固三院明星海防武器的地位。

同年，在第二届中国国际进口博览会上，三院IEE公司研发的智能开启系统、防尾随探测、乘员分级系统、乘员探测传感器——前排和后排座椅、表面加热、电池管理系统也悉数亮相，受到了国内外客户的高度关注和好评；在德国汉诺威工业博览会上，三院AC公司在集团公司展台举办智能制造服务解决方案专场推介活动，进一步将智能制造服务解决方案推向国际市场。

近些年，三院以更加开放的姿态推进国际化各项业务开展，国际化水平显著提升，在高端装备出口、国际资本运作、国际经济技术合作等领域建设成果颇丰，助力祖国与“一带一路”沿线国家串联起共同繁荣的发展之路。

矗立在院大楼外的“超越”雕塑，其造型远看像一枚引弓待发的飞航导弹，侧看像一把刺破青天的利剑，近看像一只振翅飞翔的大鹏鸟。这个从凤凰造型中取意的雕塑，底座上镌刻的“团结奋进 负重拼搏 科学求实 敢为一流”这十六个字的“飞航精神”在时间的印记下愈发深刻隽永。

四、初心，本色

1921年红船扬帆，百年大党立志于中华民族千秋伟业，历经波澜壮阔，恰是风华正茂。1961年逐梦起航，中国的飞航事业在党的领导下，砥砺奋进，归来仍是少年。回看60年的发展历程，不禁让人问到，三院是如何从弱到强，取得今日之成就？当初一穷二白，没有理由徐徐而进，只能“只争朝夕”“艰苦奋斗”。

英雄，是力拔山兮气盖世的豪迈。某年秋天，型号试验弹进场，由于申请不到专列，要想到试验基地，只能将七八节自备车厢拖挂在西去的货运列车上，随行人员 24 小时值班，目的一是看管好运送的物资，二是随时准备将车厢转挂到其他列车上。在甘肃省内的一个小站上，货车要走不同的路线，自备车厢被卸载在站台上，必须转挂到另外一列车上，可这两列车并不在同一轨道上，小站资源有限，没有多余的机车协助转运。时间紧急，试验队员们做出了一个惊人的举动——“推火车”。于是，在黄沙弥漫的戈壁小站上，出现了一幅震撼人心的画面：十几个“文弱书生”喊着整齐的号子，迈着稳重的步伐，推着一节节十几吨重的车厢缓缓前进……举目回望，那一个个坚定的身影，是强大信念意志汇聚成一往无前的钢铁洪流。这个强大信念意志便是三院人的使命：科技强军，航天报国。

生逢其时，伟大时代呼唤伟大精神，崇高事业需要榜样引领。60 年历程中一个个光辉名字，闪耀着一代又一代飞航人的赤胆忠心。因校园里刺眼日寇碉堡燃起小小报国心的院士黄瑞松，常常鼓励大家“只要事在人为，必然大有可为”；高考报志愿时将清华写在北航下面的型号总师朱坤，屡败屡战迎难而上敢于胜利；从京西云岗到镇江大港，跋涉千里的海鹰特材党总支书记高志强，用十年光阴拓荒追逐大飞机梦，在航空领域书写航天传奇。他们都有一个共同的身份，那就是共产党员……

截至 2021 年 9 月，三院共有共产党员 11186 人，429 个党支部，一个支部就是一座堡垒，一名党员就是一面旗帜，他们听令而行，闻令而动，铺展开飞航事业最美画卷。

三院的发展历史，就是一部坚持党的领导、加强党的建设的历史。作为航天强国建设和国防武器装备建设的主力军，红色是中国飞航最鲜亮的底色，红色基因始终是飞航事业的根脉。

建院初期，三院政委郁文在入院教育第一堂课上对新入职的航天人说过这样一段话："你们从事的工作，是我们从来没有做过的工作。我们从事的事业是前无古人的。这就要求你们对党、对祖国、对事业要绝对的忠诚。我们所从事的工作，上不能告诉父母，下不能告知妻儿。要做到'活在三分院，死在云岗村，埋到八宝山'，为祖国国防尖端事业奋斗终生，心甘情愿做一辈子无名英雄。"今天的飞航人，把党的旗帜擎得更高更稳，党的建设全面加强。全体广大干部职工牢固树立"四个意识"，坚定"四个自信"，坚决做到"两个维护"，两级党委把方向、管大局、促落实，以高标准、严要求、自觉的行动实现三院高质量发展，将初心追求转化为履行强军首责，主动服务国家战略、服务国防建设、服务国计民生的生动实践。

次次闯关夺隘，根在信仰。一段段感人至深的故事，生动诠释三院人爱党报国、艰苦奋斗的永恒价值。"功成不必在我，功成必定有我"，不忘初心，永葆本色，三院人不忘红色血脉。党的群众路线教育实践活动、"三严三实"专题教育、"两学一做"学习教育、"不忘初心、牢记使命"主题教育、党史学习教育……三院广大干部职工坚持从百年党史中汲取前行智慧和力量，这片被信仰初心浇灌的沃土，已成为国防武器装备的重镇，正焕发着勃勃生机和活力。

1982年9月，三院成立了第一个外场试验队党组织——鹰击八号飞行试验队临时党支部。试验队临时党支部、临时党委的创建，实现了将三院党工团组织的力量延伸到重大工程、重大项目和靶场试验一线的目标。从“一切围绕科研生产中心，一切服务科研生产中心，一切服从科研生产中心，一切有利科研生产中心，一切为了科研生产中心”的“五个一切”，到“宣传教育思想发动保障体系”和“服务推动保障体系”的“双保障体系”，再到推进以“凝聚人心、激励人心、稳定人心”为内涵的“三心工程”，三院经过60年的发展不断完善思想保障体系，真正做到哪里有任务，党组织就建到哪里，队伍走到哪里，党的工作就跟进开展到哪里，发挥党纪工团合力，共同确保任务高质量完成。

国以才立，政以才治，业以才兴。三院始终把人才工作融入中心工作，大力实施人才强企战略，管理、技术、技能人才三支队伍能力素质，人才综合素质有效提升。60年来，三院先后产生9名两院院士，拥有以国家级有突出贡献中青年专家、中央联系专家为代表的国家级专家15人，以中华技能大奖、全国技术能手、航天技术能手为代表的高技能人才140余人。迄今共488人享受国务院政府特殊津贴。获国家级、省部级科技奖励1500余项。

航天人砺剑，剑也砥砺人才。三院围绕管理、技术、技能人才三支队伍，大力实施“飞航英才接力计划”，从技术部副主任成长为单位领导班子主要领导，从副主任设计师成长为总师、国家级专家，从初级技能工人成长为全国技术能手，真诚关心人才、爱护人才、成就人才，真正做到发挥人才智力优势，真正做到“待遇留人、事业留人、感情留人”。

60年，岁月一甲子，飞航正青春。从护卫祖国蓝色的万里海疆，到为国铸就捍卫和平的大国重器，历经一甲子的磨砺与铸炼，中国飞航事业不断发展壮大、创新超越，站在新的起点，飞航人将在中华民族伟大复兴的征程上，为建设世界一流飞航技术研究院，不忘初心，奋勇前行。

铸护国神剑 履强军首责

谭青海　崔冬娜

天安门庄严的阅兵式上，战车轰鸣，神剑昂首，百年中国，挺起了脊梁。一百年来，民族复兴波澜壮阔，中国航天科工航天三江在这永远向前的洪流中，铸护国神剑，履强军首责，牢牢抓住改革发展中一次又一次难得机遇，解放思想、实干拼搏，劈波斩浪、挺立潮头，走出了一条具有航天特色的发展道路。

一、强军梦　初心如磐

航天三江研制的型号已经形成系列化发展的新格局，多个型号装备及特种车底盘参加新中国成立 35 周年、50 周年、60 周年阅兵以及纪念中国人民抗日战争暨世界反法西斯战争胜利 70 周年阅兵、庆祝中国人民解放军建军 90 周年阅兵，为我国国防和军队现代化建设作出了突出贡献。

20 世纪 50 年代末，毛主席发出了“核潜艇一万年也要搞出来”的号召，尽快研制出固体战略导弹成为当时一项极为重要的战略任务。1965 年周总理在中央专委会上明确提出要争取提前搞出固体导弹。同年 8 月，七机部四院第四总体设计部在内蒙古宣告成立，拉开了我国固体导弹事业从无到有的序幕。

1979年，由四部抓总的固体潜地战略导弹也进入了研制的关键期。由于该型号是一个复杂系统，技术协调问题极为突出，加之上百家承担任务的单位分布在20多个省市，涉及多个工业部门和军兵种。这种系统间的协调就成了型号研制面临的最大难题。

1979年8月，由国防科委任命的跨建制、跨地区的总设计师系统召开了首次总师扩大会，型号总设计师黄纬禄主持会议。现在众所周知的“有问题共同研究，有困难共同克服，有余量共同掌握，有风险共同承担”28字“四共同”原则，至今仍是型号协调工作的金科玉律。

1982年10月12日，我国自主研发的首枚固体潜地战略导弹巨浪一号在渤海海域发射成功；也是从那天起，我国成为世界上第四个能自行研制潜地导弹、第五个拥有水下发射战略导弹能力的国家，令世界为之惊叹。

时间回溯到20世纪70年代的湖北远安，由于既定投资不足、原先计划调整等多种原因，初步建成的〇六六基地面临尴尬境地：型号任务量极其不饱满，单位和职工走到了活不下去的困境边缘。

凭着对强军报国的渴望和搞好基地建设的信念，在基地班子的带领下，型号战线一班人马瞄准国内尚属空白领域的某重点型号系统，开始了艰苦的研究。受他们感召，留苏归国的导弹专家王振华放弃了在北京的工作机会，加盟这项研制工程。

国家实行改革开放政策后，陈旧的计划经济体制开始调整，允许军品研制有序竞争，同时鼓励发展民品。○六六基地敏锐地抓住了这个机遇，型号研制在曲折中不断取得新进展。

到了 20 世纪 90 年代，重点型号终于定型，有力地巩固了○六六基地的战略地位，也开创了三线基地独立研制生产全武器系统的先例。

1999 年新中国成立 50 周年阅兵时，型号产品顺利通过天安门广场，航天人奔走相告。为这个型号的诞生作出巨大贡献的王振华遗憾没能目睹这一情景，他因罹患癌症于 1994 年英年早逝。

团结争气、艰苦创业、求实自强、改革创新，这是经历筚路蓝缕、创业图存的航天三江人总结出的三江传统精神，也是他们矢志强军、至诚报国的写照。

二、改革路　乘风破浪

20 世纪 80 年代初期，在“军民结合、平战结合、以民养军”思想的指导下，○六六基地就勇敢走进市场经济的大潮，开始了发展民品的积极实践。“最初的民用产业的探索一定程度上是出于稳定军品线队伍的需要。”1982 年参加工作，后来曾担任航天三江产业发展部部长的曹敬武回忆说。

梅花扳手、脚轮运输器、卷烟机、电视机、电风扇、小面包车、“双排座”（轻型汽车）、水陆两用汽车……一时间，○六六基地民品成果遍地开花，在湖北省乃至整个中部地区形成广泛影响。

时至今日，只要提起万山厂生产的面包车和江北厂生产的“双排座”（轻型汽车），已退休了的同志仍然兴致盎然，“北有星光，西有万江”的盛名给了航天人发展民用产业的极大自信。

在那个物资尚不富足的年代，基地的职工都能吃到新疆的哈密瓜、黑龙江的大马哈鱼等稀罕食品，备受关注的职工子女教育问题也因学校的建设和师资的加强得到很大程度的改善，这与民品发展火爆的关系密不可分。

随着时代的发展，三线基地的封闭和程式化被打破，〇六六基地也遇到了人才流动的不小冲击。仅1985年一年，基地就调出100余名技术人员，而当年新进的技术人员仅有20名。“我们先是挽留、引导，实在留不住也只能放。”〇六六基地原主任曹立家回忆说。

长期的实践和思考使得航天三江深刻认识到用好人才的重要性，也更善于利用改革等手段提升管理。1986年，〇六六基地实行劳动合同制制度，迈出劳动用工制改革的重要一步。1987年，开展事业单位职称改革。1988年，所属单位普遍推行厂长（所长、经理）负责制。从1991年开始破格评聘35岁以下的高级工程师（“小高工”），1993年开始破格评聘45岁以下中青年研究员。

1993年4月，在〇六六基地的基础上，中国三江航天集团挂牌，跻身于中国首批55家试点大型企业集团之列，致力于从传统生产型企业到集科、工、贸为一体的综合型企业集团的转变。

2011 年 12 月，为巩固和提升航天科工在导弹武器系统和固体运载领域的战略地位，更好地发挥固体导弹和运载领域国家队的作用，由原四院和原九院（〇六六基地）整合重组的新四院在武汉挂牌成立，这是航天科工推进二次创业、优势互补、跨越发展迈出的关键一步。自那时起，航天三江迎来了发展的新阶段。

三、新征程 永葆活力

2020 年，突如其来的新冠肺炎疫情肆虐，江城武汉站在风暴中心，航天三江面临的困难和挑战前所未有，既要做好疫情防控，又要抓好科研生产经营任务。这是一场大考，更是一场硬仗。“任务超常紧迫，时间超常紧急，开局就是决战，起步就是冲刺。”航天三江党委发出决战号令。

一声号令，航天三江所有单位都建立了“战时”机制，优化整合科研生产资源，将“战时”任务分解到月、周、日。航天三江以“经营指标不降、任务底线不破、合同订单不少”的工作总基调，顺利实现了“十三五”规划目标和“十四五”良好开局。

党的十八大以来，航天三江坚决贯彻中国航天科工转型升级战略部署和重大举措，大力调整优化产业结构，大力开展战略性新兴产业和民用产业发展布局，打造产业发展新动能和新支柱，商业航天、激光装备、车辆及重工装备、能源装备四大重点产业步入发展快车道，新一代信息技术产业、微电子与微系统和以金融租赁为代表的现代服务业发展提速，多个特色产业的支撑作用也逐步放大。

商业航天产业——瞄准我国商业航天领域广阔的发展前景，以市场为牵引，形成了“火箭+应用”的产业发展格局，筑牢商业航天发射及应用的国内领军地位。快舟一号甲固体运载火箭进入常态化发射模式，多次刷新同一型运载火箭在同一发射场发射间隔最短纪录。

激光装备产业——面向国家重大战略需求，坚持走自主创新之路，打造中国人自己的光纤激光器品牌，实现了“上游激光器芯片、特种光纤，中游光纤激光器，下游激光应用装备到应用服务技术”的全产业链整合的激光装备产业化发展模式。

车辆及重型装备产业——打造“国之重器”，5 小时进场搭建完成，3 小时变身联欢活动大舞台，天安门前上演“行走的观礼台”，万山特车装备圆满保障新中国成立 70 周年阅兵观礼台任务；成功研制全球最大 363 吨两轴重型矿用自卸车；进军智能装备产业，率先实现 110 吨、220 吨、290 吨等系列化无人驾驶矿车技术应用矿区。

能源装备产业——成功研制微型移动液化装置、天然气点供装备、压力容器等产品，超高温裸眼井快测技术打破了国外技术垄断。与中石油、中石化和东风股份等企业建立合作关系，系列产品实现批量配套。

奋斗百年路，启航新征程。航天三江党委以习近平新时代中国特色社会主义思想为指导，认真贯彻党中央决策部署，全面落实中国航天科工党组战略部署和系列举措，明确“一二三四五”发展思路，以“一个目标三步走”中长期发展战略为总牵引，聚焦主责主业，强化使命担当，激励广大干部职工群众以昂扬姿态推进“十四五”高质量开局，奋力开启全面建设社会主义现代化国家新征程。

固体摇篮——长征一号火箭的固体心脏在这里诞生

六院党委

从第一根手搓复合推进剂“药条”到第一代实用固体发动机，从送“东方红一号”入轨到参与第一次商业航天成功发射，从单一用途固体发动机到全应用领域各种战略、战术、宇航用固体动力产品型谱……

中国航天科工六院59年的发展轨迹印证着“创新是引领发展的第一动力”的科学论断，见证着中国共产党领导下航天事业取得的丰功伟绩，实践充分证明：只有中国共产党才能领导中国，只有中国共产党的英明领导才是航天事业发展壮大的根本保证。

一、起步，一切靠创新

在1958年的中共八大二次会议上，毛泽东主席提出，“我们也要搞人造卫星”。该卫星最后被命名为“东方红一号”，运载它的火箭是“长征一号”。

长征一号运载火箭由三级火箭组成：第一、二级是液体火箭，第三级是固体火箭，负责把卫星送入预定轨道。

由于种种原因，第三级固体火箭发动机的研制工作一直没有启动。直到 1966 年 11 月 29 日，当时七机部四院（中国航天科工六院前身）的陈善禄、张扬中和陈克明接到通知，要在晚上 8 点参加一个技术会议。他们并不知道，这个会议研究的正是第三级火箭任务技术交底工作。虽说是交底，可远道而来的长征一号总体设计部裘愉伦也坦然承认："没有实际经验，只是根据初步确定的卫星重量、轨道参数、第一二级的性能指标和第三级需要完成对卫星的加速任务，通过外弹道计算得出第三级应该满足的技术性能指标。"

在党中央的坚强领导下，中国航天固体事业在一穷二白中艰难起步。这个时候的固体火箭发动机研究所，刚刚从四川泸州搬迁至塞外青城不过一年多时间，还处在基础建设阶段。

从技术上来看，研究所也才刚刚研制成功我国第一代实用固体发动机—— 300 毫米发动机，中国总算有了自己的复合固体推进剂火箭发动机。当时的七机部四院既不具备研制型号的基本条件，更没有研制型号的实际经验。内外部环境决定了这条送卫星上天的任务必须走"自力更生、自主创新"的道路。

在这个交底会上，领衔研制第三级固体火箭发动机任务的时任七机部四院副院长杨南生一语中的："一切全靠我们去探索，去创新。"如杨南生所言，此后在这个从无到有的任务中，他们面对的一切困难都靠创新来解决，一切挑战都靠创新来应对。

为了解决药柱表面裂纹和发动机不稳定燃烧问题，杨南生带领技术人员反复试验，经过多次试车及冲击、振动等试验，终于取得了6次飞行试验全部成功的佳绩。随后，发动机又进行了旋转试车。失败、检查、改进、失败、再检查、再改进……工作人员接连解决了脱粘和燃烧后某种成分沉积的问题后，19次试车均获成功。1970年2月9日，长征一号合练火箭运往酒泉卫星发射中心进行合练。

1970年4月24日晚9时35分，长征一号运载火箭在震耳欲聋的声响中冲出发射台，直入苍穹。当“卫星入轨”的报告声响起时，周围的人顿时沸腾起来，尽情欢呼跳跃，互相握手拥抱。

原七机部四院驻内蒙古指挥部副主任、研究员陈克明今年87岁了，但他仍然清楚记得，那一年5月1日，自己和同事们一起在天安门城楼上受到毛泽东主席、周恩来总理等党和国家领导人的亲切接见。“当时，周恩来总理握着大家的手，连连说：‘你们辛苦了，你们为中华民族立功了，党和人民感谢你们！’”

二、发展，驶入创新“快车道”

成功送“东方红一号”上天，六院就此打响了名号。此后的每一个关键节点上，六院干部职工都不曾忘记“一切靠创新”的历史箴言。

——20世纪80年代中期，重新定位，重新布局，但仍坚守科技创新这个根本。

——20世纪90年代，形势严峻，步履艰难，坚持以发展保生存，以创新谋发展。

——21世纪以来，改革大潮涌动，发展正当其时，在“双创”领域大刀阔斧、深耕细作。

一个个惊天动地的成绩，也证明着中国共产党坚强领导下创新之路的正确性：六院创造了以“巨浪一号”为代表的10余项“第一”，返回式制动火箭固体发动机连续25次参与发射，标志着我国成为继美、苏之后第三个掌握卫星回收技术的国家，为我国载人航天发展打下了坚实的基础。获得省部级以上科研成果奖500余项、授权专利800余项，有力地支撑了重点型号的研制、试验和批产。

荣获航天系统唯一一枚“优质固体火箭发动机金牌”，多型号产品连续6次参加国庆阅兵，先后两次被党中央、国务院、中央军委联合授予“工程重大贡献奖”……

经过多年的发展，六院已逐步形成了覆盖战略、战术以及宇航等全应用领域的固体动力产品体系，有力推动了我军装备现代化建设，牢牢构筑起我国的“钢铁长城”。

党的十八大以来，六院坚决贯彻落实党中央提出的“创新、协调、绿色、开放、共享”的新发展理念。作为集团公司固体动力创新发展的“三创新”特区，六院在科研生产经营各方面均走上“快车道”。“技术创新、商业模式创新、管理创新”的“三创新”模式在全院深入人心、落地生根。

六院副院长贾永刚介绍：“六院近两年的预研经费投入是建院以来的数十倍，取得了多项核心关键技术的重大突破。在商业模式创新方面，六院在现有产业的基础上，积极探索新业态、新方式，努力实现质量、动力、效率的提升和变革。通过管理创新，六院创新科研组织模式，科研生产效率提高了50%。一切成绩的取得是在集团公司党组和六院党委的坚强领导下取得的。”

“十三五”期间，六院坚持以习近平新时代中国特色社会主义思想为指导，深化科研生产组织模式和体系创新，实施纵横维度的科研生产要素、科研生产关系统筹管理。全面开展数字化科研生产体系建设，深化成本工程、价值工程，狠抓责任落实，六院连续五年圆满完成以型号为代表的集团公司责任令任务，显著提高动力系统供给体系的质量和服务水平，科研生产任务高质量完成，生产交付数量创历史新高。全力打造装备全寿命周期售后服务与综合保障平台，六院的新产业、新增长极正在加速形成。

三、当下，迈向创新发展路

2019年以来，六院分三次拿出890万元奖励了61个突出贡献团队，以表彰干部职工在工作中的创新表现。党委班子的这一举动是想让干部职工明白：只要创新、唯有创新，才是六院发展的必由之路。

六院院长刘文军在六院战略委员会上的发言铿锵有力：“要想实现高质量发展，要坚决实施创新驱动发展战略，加强自主创新、协同创新，努力推进原始创新、颠覆性创新和跨界融合创新。”

强劲的科技创新引擎牵引六院在高质量发展的征途上加速前进。六院加强创新发展顶层设计，系统开展全局性、战略性、前瞻性、长期性的战略研究，抓党建、提质量、转方式、调结构、增动能、控风险，形成六院高质量发展的新思路、新理论、新战略、新政策。在此期间，六院的经济规模快速增长，经济运行质量明显改善，固体动力核心竞争力进一步增强，“一个目标三步走”改革创新蓝图和路线图展现光明前景与强劲动力。

同时，先进固体动力技术中心、应用化学协同创新中心、西北物联网协同创新中心三大创新平台强劲引领，初步形成产学研用融合的社会化平台。资源整合、协同创新能力的持续增强，引领防务装备产业、航天发射产业、智慧智能产业、新一代材料与化工产业、先进制造服务产业、现代服务业向高质量发展目标迈进。智能制造、材料化工、装备制造主力产业同比实现20%以上的增长。

在集团公司商业航天发展战略指引下，国内最大固体发动机综合试验设施建成并投入使用，大推力大型全尺寸固体发动机首次地面试车圆满成功，开启大推力航天发射新纪元，商业模式创新取得更大突破。

聚焦产业结构“破立降”，六院系统开展“一企一策”转型升级论证、产业化论证、现代服务业论证与实施，设立产业化项目“两总”，构建市场营销体系，企业转型升级取得显著成效。

除此之外，六院还实行一体化扁平式管理、创新绩效精确计量、基于知识产权保护的创新成果交易、重大创新突出贡献专项奖励等。由此，全员创新通道畅通，全要素创新活力竞相进发。30余个项目实现转化落地，20余个项目获得国家、地方创新创业奖项。

四、数据见证成长轨迹，荣誉彰显创新实力

2020年，面对新冠肺炎疫情防控的严峻形势与经营发展的巨大压力，六院党委坚决贯彻落实集团公司党组打赢疫情防控阻击战和科研生产经营攻坚战的要求，主动担当作为，创新、应变、苦干、实干加巧干，以新的思路、新的办法、新的生产方式、新的经营方式、新的商业模式开拓经营发展新局面。“十三五”规划圆满收官，累计实现营业收入年均增长15.78%，利润总额年均增长21.91%，资产总额较“十二五”末提高54.67%，连续四年获集团公司经营业绩与党建考核双优秀。2021年上半年，面对经营发展的巨大压力，六院经济运行整体稳中有进，实现时间过半指标过半，主要指标特别是利润总额、净利润、经营活动净现金流、新签合同额等均创历史同期最高水平。

党政军民学，东西南北中，党是领导一切的。着眼未来，六院全级次、全方位、系统化、体系化、日常化地坚持党的领导、加强党的建设，正在着力打造战略导向、动态优化、流程约束、数据驱动的综合性创新型企业，逐步实现经营模式向实战能力和质量效益型转变、技术发展向新一代自主研发转变、产业结构向“与新一代技术发展相适应+服务体系”转变、发展模式向平台上

的多元化商业模式转变、企业形态向支撑高质量发展的智慧企业转变。

六院干部职工心里清楚，中国固体火箭发动机取得的成绩，是在中国共产党的坚强领导下，完全依靠自力更生得来的，六院也必须依靠自主创新做大做强。正如六院党委书记赵勇在多个场合强调指出："党史学习教育，就是要从百年党史中、从航天事业发展史中汲取营养力量、赓续精神血脉、激发奋进力量，这样我们才能赶上时代，才能引领时代潮流、走在时代前列。"

转型升级谋跨越 砥砺奋进开新篇

孙欣然

习近平总书记在庆祝中国共产党成立100周年大会上提出，“以史为鉴，可以知兴替”。从历史的车辙中眺望时代发展方向，从党的波澜壮阔历程中汲取奋进的智慧和力量，航天建设坚持用习近平新时代中国特色社会主义思想武装头脑、指导实践、推动工作，坚持将贯彻党的十九届六中全会精神同贯彻落实全国国有企业党的建设工作会议精神紧密结合起来，将党的全面领导的政治优势和中国特色社会主义制度的制度优势同新发展理念的理论优势统一起来，深入贯彻落实集团公司各项决策部署，积极开展党史学习教育，向建设具有全球竞争力的世界一流科技型航天工程服务公司远景目标奋力前进。

一、党史追忆三线精神 不负央企为国使命

习近平总书记强调，要发挥中央和国家机关红色资源优势。作为身上流淌着“红色血液”的国企，航天建设承担着沉甸甸的企业责任和历史使命。

1965年，钱学森等老一辈航天奠基人从系统工程思路考虑，

提出航天要成立一支自己的建设队伍，第七机械工业部（航天工业部前身）组建了第七设计院。

56年来，在载人航天、深空探测、北京奥运等国家重大工程和项目中，航天建设发挥特长、作出突出贡献；在世界各大洲与我国各省市的版图轨迹中，航天建设垒起地标，在广阔的“一带一路”中参与建设，“十三五”期间，肯尼亚公司、德国wks公司及中国子公司（威科公司）相继设立（交割），海上丝绸之路的起点和终点都有了航天建设者奋进的身影；在脱贫攻坚深水区，航天建设以“不获全胜决不收兵”的攻坚态势完成了四川省凉山彝族自治州布拖县易地扶贫搬迁工程建设任务，布拖县8487户彝族同胞喜迁新居，摘帽脱贫，千年宏愿今朝梦圆。

坚守建设航天的雄心与初心、坚持日拱一卒地发展壮大、坚定军工央企的担当使命，航天建设在服务航天、服务国防、服务国家重大战略的过程中全力以赴、开拓进取、攻坚克难、奋力奔跑。

二、转型升级快速发展　深化改革突破瓶颈

习近平总书记强调，推动经济高质量发展，要把重点放在推动产业结构转型升级上。

2017年，航天建设新一届领导班子接过发展的接力棒，系统思考、顶层设计，以深化“五项工程”为途径，全力打造了“一核心、一示范、合纵连横五条路”的产业发展新格局，培养

了一批“忠诚诚实、担待担当、规矩规范、自律自强”的航天建设铁军。构筑起从战略到战术，从思想到行动的工作指南，为航天建设谋划了一条转型升级的发展之路。

夯实产业基础，优化升级“存量”。近年来，航天建设工程总承包业务占比不断优化，盈利能力显著提高。“十三五”期间，航天建设逐渐从项目单一阶段性发展向工程全生命周期转变，实现了集成、集约、集聚化发展。

调整产业布局，拓展扩张“增量”。航天建设大力发展现代服务业，积极优化产业布局，“十三五”期间，现代服务业发展迅猛，营业收入占比由11.79%增至近31.37%，建筑施工占比由85.99%降至63.88%，新兴产业板块实现稳健增长。

创新商业模式，聚合客户“能量”。航天建设通过商业模式创新、产业导入、资本引领等方式，稳步扩大市场，以项目换效益成效显著。“十三五”期间，航天建设从建设逐步向运营转变，由服务业主向引领业主转变，高端营销之路踏入正轨。

聚焦重点领域，蓄势发展“潜量”。近年来，航天建设在环保装备、社区地理系统、智慧建管平台、防爆机器人等领域加大布局力度，同时密切关注智慧建筑、公共卫生、康养领域新商机，试水气凝胶材料装备与工艺，关于装备制造细分领域，以科技创新带动全面创新，为后期发展蓄势聚能。

三、持续推进三大战役 建功立业未来可期

当前，航天建设正处于战略机遇落地期、转型发展关键期、

蓄势突破窗口期，航天建设将一以贯之坚持和加强党的全面领导，立足新发展阶段、贯彻新发展理念、构建新发展格局。

在集团公司“一个目标三步走”的中长期发展战略目标下，航天建设坚定履行强军首责，聚焦主责主业，提出打造“高精尖特”功能型企业，推动“航天建设”向“中国航建”全面升级的雄心壮志，发展方向更进一步明晰。

“十四五”期间，航天建设将以特色技术和专有技术为核心优势，聚焦国防建设、信息化产业、生态环境塑造、建筑工业化、智慧产业、新材料等领域，抢抓“新基建”发展机遇，打响新时代“开疆拓土”“抢滩登陆”“精兵简政”三大战役，让航天建设进入从量变向质变、从要素驱动向创新驱动转变的高质量发展新时期。

航天建设的“开疆拓土”之战，将重点推动原有存量市场逐步向高端领域提升，精准布局粤港澳大湾区、海南自贸区等国家重点经济圈；聚焦非洲、亚洲和中东地区，建立国际工程辐射性市场营销网络，构筑航天建设“双向循环”的战略版图。

航天建设的“抢滩登陆”之战，将在深耕航天市场、做好航天内部保障性建设服务的基础上，逐步提升科技水平，积极培育与主责主业关联度高、具备竞争优势和市场空间的战略性新兴产业，坚定不移地走好高端定位之路。

航天建设的“精兵简政”之战，将持续狠抓“兵”“政”两条主线，进一步优化人员配置，通过耐心科学的工作让“兵”更精通于业务、精通于岗位；优化组织机构设置，删繁就简，优化流程，让“政”更简洁而流畅，提升管理效能，激发企业发展内生动力。

新时代开启新征程，新使命呼唤新担当。起好步、开新局，既是习近平总书记对全党的殷切期望，也是全面开启“中国航建”新征程的内在要求，更是新时代全体航天建设者的自觉追求。2021年是中国共产党成立100周年，也是“十四五”规划的开局之年，航天建设紧紧抓住发展契机，结合党史学习教育，提能力、抓落实、高标准、严要求，在战略规划、深化改革、商业模式上保持定力，做到战略定远；在价值塑造、文化建设、品牌传播上持续发力，做到品牌谋远；在精益生产、整改监督、清淤疏浚、数字化智能化转型上提升效能，做到管理致远。百年荣光庆华诞，航天建设顺势而为，山河无恙，吾辈自强，践初心、再聚焦，否极泰来，“中国航建”要出征！

雄关漫道——伟大转折开新篇　长征精神代代传

索阿娣　刘淮宇　宋皓薇　唐明军　高一鸣

贵州遵义老城，子尹路 96 号，一幢砖木结构、中西合璧的两层楼房彪炳史册。

经过惨烈的湘江战役，红军一路向贵州前进，1935 年 1 月突破乌江，挥师占领黔北重镇遵义，并于 1 月 15—17 日召开了举世闻名的“遵义会议”。正是在这里，中央政治局扩大会议连开 3 天，做出了使中国革命转危为安的伟大抉择。遵义会议确立了毛泽东同志在党中央和红军的领导地位，在极端危急的关头挽救了党、挽救了红军、挽救了中国革命，成为“党的历史上一个生死攸关的转折点”。

遵义会议会址东北方向不远处的北京路边，坐落着 061 基地原机关大楼。1964 年，党中央作出建设三线的部署。“好人好马上三线！”根据上级安排，七机部所属单位的第一个后方基地——061 基地（中国航天科工航天江南前身）定点在贵州北部遵义一带。此后，在贵州这片红色热土上，航天人追寻着党的足迹，创造了一个又一个航天辉煌。

一、参加过长征的那批人又来了

山，快马加鞭未下鞍。惊回首，离天三尺三。

山，倒海翻江卷巨澜。奔腾急，万马战犹酣。

山，刺破青天锷未残。天欲堕，赖以拄其间。

中央红军在群山中行进时，毛泽东望着连绵的山岭，写下了这首《十六字令三首》。

长征途中力挽狂澜的遵义会议过去多年，中国共产党领导中国革命取得胜利，建立了新中国，进入社会主义建设阶段。

1964年，党中央正式作出三线建设的重大战略决策。毛泽东依据对于三线建设的总构想，确定了三线建设的方针。党带领国家和人民，再次开始了艰苦的“长征”。这次长征，是备战、备荒、为人民，目的是要建成一个有布局、有纵深、有持久耐力的不可战胜的中国。

按照“靠山、分散、隐蔽”的布局原则，三线建设如火如荼地开展起来。原061基地党校副校长乔文礼告诉记者，之所以远离大中城市、分散布点，是为了即使在遇到核战争的情况下，这些工厂和科研单位也打不烂、炸不垮，能继续坚持生产和科研，支援前线。

此后，一批参加过红军长征的党的干部再次来到贵州遵义，在荒山野岭上勾画三线建设蓝图。据统计，包括国务院原国防工业办公室常务副主任、上将、中央专委成员赵尔陆，原七机部部长王秉璋、副部长谷广善，时任贵州省军区副司令员吴荣正等领导在内，指导和参与 061 基地选址的许多位领导都走过长征路。

1965 年 2 月 25 日，春节一过，20 岁出头的乔文礼从北京出发，坐上了火车。他要先到广西柳州，接下来转车去贵州贵阳，再转乘汽车到遵义。“同行的共 41 人，由二院副院长耿锐带领，除了七机部二院的同志，还有上海机电二局下属企业的 8 位厂长或党委书记，主要是进行初步选址工作。当时称为‘选点’。”乔文礼回忆。

1965 年下半年，经中央书记处批准，061 工程党委成立，由张凡（原七机部副部长）、叶进明（上海市人民政府原顾问）、任朴斋（原建工部）、贾怀洲（原建工部）、肖卡（上海市原机电二局局长）、沈钧（原七机部二院副书记）、耿锐（原七机部二院副院长）等 18 人组成，张凡任书记，形成“两部两地”（七机部和建工部、上海市和贵州省）统一协调管理的格局。

1966 年，上海机电二局 24 岁的王新来到了贵州，与乔文礼一样，他在 061 基地工作直至退休。用乔文礼的话说，他们二人“一个从北京来，一个从上海来”，最后“殊途同归”。

王新原本是参加工艺审查工作的，后来参与了基地建设规划工作。他回忆：“当时，军用地图挂在墙上，谷广善、吴荣正等领导也不辞辛苦，跟我们一起选点。当时选点时有一个原则是，不占良田、少占可耕地。”

谷广善在红军时期加入董振堂的部队，长征时，谷广善任第十五师即“少共师”卫生部部长，建下卓越功勋。“这些人真是让我们敬仰、佩服。”回忆起老革命老前辈的事迹和风范，乔文礼和王新言语间全是感动。

尽管“天无三日晴、地无三尺平、人无三分银”，但大家都知道，黔北是贵州的主要粮区，自然条件相对较好。最后，赵尔陆拍板，将这里给了061基地。王新说，领导的关怀，令航天三线基地的建设者们更感责任重大。对061基地的建设，日理万机的周恩来总理十分关心。1968年2月，周总理提出了061基地的建设方针，要求061基地成为“又生产又科研，以生产为主”的综合性基地。此后，他又针对具体工作多次作出具体指示，足以看出党和国家领导人对061基地的重视。“文化大革命”开始后，周总理担心型号生产受到影响，专门作出指示，将重要产品的图纸进行转移并妥善保管。

二、大山深处，书写艰苦创业华章

距离遵义市区50千米，地处遵义市、桐梓县两地交界处的娄山关，是川黔公路和铁路的交通要道。这里重峦叠嶂，素有“一夫当关，万夫莫开”之说，自古乃兵家必争之地。

在娄山关，中央红军曾两次挥洒热血，两次书写胜利史。在这里，红军取得了长征以来的首次大捷，极大地提振了队伍士气。

在遵义市凤凰山南麓的红军山烈士陵园，一座气势雄伟的红军烈士纪念碑高高耸立。纪念碑顶端，金色的镰刀锤头标志在阳光照耀下熠熠生辉。

那些曾经战斗并牺牲在这片土地上的将士们或许没有想到，是他们用血肉之躯铸就了中国革命的伟大胜利，进而改变了中国人民和中华民族的前途命运。

同样是在这片土地上，三线精神与长征精神一脉相承，对后世产生了深远影响。

在 20 世纪条件艰苦的年代，航天人用忠诚、奋斗、担当、奉献，谱写了大山之中艰苦创业的赞歌。

梅岭厂（401 厂）是第一个完成基本建设并实现投产的工厂。该厂于 1966 年投产，曾为发射东方红一号卫星的长征一号火箭研制生产配套电源，助力东方红乐曲响彻太空。娄山关脚下，建起了生产准备总厂，后来分为 4 个生产准备厂，主要承担黔北地区各厂的部分生产准备工作，包括铸件、锻件、工模具、组合夹具、齿轮、机修备件制造，机床修理以及科研基地的协作任务等。

大山深处，国营风华机器厂（航天风华前身）、国营井冈山仪表厂（航天控制前身）等纷纷建立……

漫步在国营井冈山仪表厂的老厂区，斑驳的建筑墙壁上还能看见“抓革命、促生产”的标语，机关大楼会议室内悬挂的马恩列斯毛巨幅画像依旧颜色明艳……置身其中，红色气息扑面而来。该厂由远在东北的沈阳 119 厂包建，成立于 1965 年，主要负责生产型号控制设备，于 1970 年投产。1970 年年末，经过全厂上下的拼搏奋斗，第一套自动驾驶仪在山沟里诞生，助力 061 基地完成首批 20 套产品总装任务。

1970 年，原计划建于北京的第三机械工业部地空导弹武器系统总体所—— 302 所（2015 年经中国航天科工集团公司批复，又叫第十总体设计部）全建制迁至遵义。在桃溪寺的三层红砖小楼里，302 所基本完成了某系列型号的全部研制工作。1983 年，某型号正式定型，其性能指标大幅提升。这也让 302 所在地空导弹领域占据了一席之地，并为后续发展奠定了坚实基础。

三、困境突围，于荆棘中开辟道路

在位于遵义市习水县的四渡赤水纪念馆展厅序厅，一组毛泽东、周恩来、朱德、王稼祥、张闻天的铜像，再现了在艰苦的长征途中伟人们勇往直前、不怕困难的风采。浮雕的左上角，书写着毛泽东所说的一句话：“四渡赤水才是我平生最得意之笔”。

“战士双脚走天下，四渡赤水出奇兵。乌江天险重飞渡，兵临贵阳逼昆明。”1935 年 1 月，遵义会议刚召开不久，长征史上著名的四渡赤水战役，在习水县土城镇拉开序幕。中央红军四渡赤水，摆脱了几十万敌军的围追堵截，为胜利地实现战略转移奠定了基础。20 世纪 80 年代后，在黔北扎根的三线航天人也历经了类似的困境突围。彼时，随着国家战略方针调整，061 基地与其他三线军工企业一样，面临着生存与发展的严峻问题。改革、创新、转型……三线单位坚韧不拔、自强不息、勇往直前，探索出了新的路子，为未来发展奠定了良好基础。

有些探索，是坚持自主创新、为国铸盾。“没人去搞国防，大家都下海去了。以前人最多的时候有近 600 人，后来走得只剩下约 200 人。”十部主任苏日新回忆。面对人才流失、型号任务锐减等困境，当时选择留下的航天人舍小家顾大家，基地自筹经费搞研发。苏日新正是在那时来到 302 所攻读研究生的，每每回忆起那段历史，她都十分感动。“我对那时坚持留下来的导师特别钦佩，走过这段历史不容易。正是当时自筹经费研发的项目，令十部在 2000 年后开拓了新领域，迎来了由技术牵引的跨越式发展。”苏日新回忆。

有些探索，是从转变观念开始的。最为困难的 20 世纪八九十年代，朝阳厂和朝晖厂每到发工资，厂长就到机关协调，多方筹措。后来，两厂主动改变人事、用工、薪酬三项制度，大刀阔斧改革，从人人端着“铁饭碗”转变为市场化用工，逐渐推进公司治理现代化。后来，两厂在 2000 年合并为航天电器，并于 2004 年在深交所成功上市。正是主动求变、积极探索的精神，让航天电器率先嗅到市场机遇，将智能制造作为重点发展方向，与西门子公司联合打造了智能制造样板间。如今，该公司在全国电子行业百强中位列第 22 名，在连接器行业更是名列前茅。

20 世纪 80 年代，面临三线单位整体经济困难状况，航天控制公司的领导带领重点高校毕业的技术人才去大庆油田调研，研制出的石油装备突破“卡脖子”难题，闯出了一条航天企业服务国计民生的新路子。经过几代人的艰苦奋斗，公司业务领域成功拓展至石油装备、非标设备、方舱医院、汽车配件等行业，创造了“投产 50 年，盈利 50 年”的佳绩。风华厂的民品开发工作起步于1978年，之后随着型号任务大幅度下降，为解决“找米下锅”的难题，工厂虽然先后开发过电风扇、空调器、液氮罐、印刷机等产品，经济效益却不高。经过探索，该厂着手开发市场需求量大、经济效益高的支柱产品——电冰箱，建成了年产20万台电冰箱的生产线。在许多风华厂干部职工的记忆中，当时电冰箱供不应求，拿着现金来买电冰箱的客户车队有时长达2千米。后来，061基地确立了“高起点、高速度、大批量、搞联合”的民品开发方针，成为基地经营管理思想转折的标志之一。有些探索，承受了企业发展濒临绝境、不得不申请破产的阵痛。20世纪90年代中后期，国营群力铸锻厂亏损达2.5亿元，无力偿还到期债务，只好主动破产。尽管如此，在三线文化的熏陶下，工厂有一批好职工，“破产前一天，员工的行囊都收拾好了，仍认真干完活儿才走。”老员工回忆。

新形势下，航天新力公司组建成立，通过二次创业走上新生之路。如今，公司开发的高端核装备系列产品为我国与巴基斯坦已建和在建的核电站配套，产品覆盖二代、二代加、三代、四代核裂变堆型和国际热核聚变反应实验堆（ITER计划），在中国航天和核能行业树立起闪亮招牌。

四、转型升级，而今迈步从头越

长征中，中央红军行军时间最长的省份就是贵州，彪炳史册的遵义会议在这里召开，四渡赤水的传奇在这里流传，毛泽东也在这里挥毫写就了“雄关漫道真如铁，而今迈步从头越”

的传世名作。

乌江悠悠，初心依旧。抓住三线建设“七五”“八五”调迁改造的历史机遇，身处贵州的航天人秉承着当年红军攻克娄山关、两占遵义城、四渡赤水河、跳出包围圈的精神开拓奋进，在这方热土上谱写崭新篇章。进入 21 世纪，通过实施企业破产和“九五”调整改造，061 基地扭转了连续多年的亏损局面，形成新的研发生产能力，“一园三地多点”的格局初步形成。

2015 年，061 基地转型升级为中国航天科工第十研究院，2019 年 9 月工商注册为航天江南集团有限公司。

党的十八大以来，航天江南的发展驶入了快车道。在航天科工党组和航天江南党委的坚强领导下，广大干部职工团结协作、拼搏奋斗，经济发展提质增效，产业结构不断优化。数据显示，“十三五”时期，航天江南营业收入从 104. 63 亿元增加到 160. 29 亿元，经济规模快速增长，年均增速达 11. 20%；全员劳动生产率从每年 15. 69 万元/人增至每年 27. 24 万元/人，价值创造能力不断增强，年均增速达 14. 19%。

以航天控制公司为例，该公司坚持创新驱动发展，型号产业取得长足进步，民用产业多点开花，形成五大专业体系，基本实现了转型发展。“十三五”末，公司的年产值已突破 10 亿元，实现利润超过 1. 4 亿元，步入了转型升级的快车道。

就在前不久，我国首次火星探测任务取得了圆满成功，其中也有航天江南研制产品的贡献。几十年来，除了导弹产品，在载人航天、月球探测、北斗导航等国家重大工程中，航天江南配套研制的产品有数万件，为航天强国建设提供了有力的支撑。

与此同时，航天江南还积极投身国民经济主战场。黔山秀水间，由航天江南所属智慧农业公司建设的贵阳市 2.5 万亩高标准蔬菜保供基地坐落于此。新冠肺炎疫情期间，智慧农业公司为百姓“菜篮子”保驾护航，一手抓疫情防控、一手抓复工复产，坚定扛起中央企业社会责任，为助力打赢疫情防控阻击战作出了航天贡献。

“西风烈，长空雁叫霜晨月。霜晨月，马蹄声碎，喇叭声咽。雄关漫道真如铁，而今迈步从头越。从头越，苍山如海，残阳如血。”这首毛泽东写于 1935 年的《忆秦娥·娄山关》，时隔 86 年，穿透纸背激励航天江南干部职工“而今迈步从头越”！

矢志不渝“军品梦”
做敢啃硬骨头的航天“湘军”

——湖南航天有限责任公司改革创新发展纪实

陈晨倩　王　淼

岳麓山下，尖山湖畔，一张靓丽的发展图景正徐徐展开。总占地228亩，规划总建筑面积约21.8万平方米，总投资20亿元，未来将打造成为具有航天特色、适应信息化及智能化发展趋势的高科技产业园区——湖南航天麓谷产业园项目正在如火如荼的建设之中。它的建设者——湖南航天有限责任公司（以下简称“湖南航天”），作为中国航天科工集团有限公司在湘唯一的一家二级军工单位，在中国共产党成立100周年之际，在“十四五”规划开局之年，正大跨步迈入第二个“50年”，高质量发展按下“加速键”。

从千军万马建三线，到项目下马停缓建；从调整搬迁求生存，到改革攻坚图发展——湖南航天励精图治51年的发展史，是一部自强不息、艰苦奋斗的创业史；是自主创新、开拓进取的奋斗史。

一、自力更生 搭上两次“末班车”

湖南航天的前身——068基地，是航天系统三线建设中的最后一个基地。1970年6月18日，周恩来总理签发了“将七机部某研究院三线研制基地建在湖南省的隆回、洞口、邵阳县和新邵县的部分地区的决定”，标志着068基地的正式诞生。按照规划，068基地作为国家640工程的中流砥柱，将承担我国反导弹武器系统的研制生产，战略地位极为重要。

搭上三线建设末班车的068基地，全凭人的一双手、一把锄头，虽然在当时面临的是一项巨大的工程，但建设十分迅速。1978年前后，几个主要厂相继完成建设，人才队伍配备齐整，北京和沈阳的援建单位已计划整体搬过来。然而，国际形势的变化突然给068基地的发展按下了暂停键。

停缓建意味着国家划拨的基建费停了，还在“襁褓”中的068基地失去了唯一的经济来源。重整队伍后，068人开始“自谋生路”——军品任务没有了，那就利用厂里的设备和人才搞民品。计算器、电子琴、电褥子……湘西大山里的航天人经过短暂的迷茫，开始自力更生，“找米下锅”，逐渐度过了那段最为艰苦的日子。

正当“山重水复疑无路”的时候，1983年，国务院发出了对三线企事业单位“调整改造、发挥作用”的指示，068人果断抓住机遇，本不在国家调迁名单里的068基地，通过各种途径努力争取，终于在名额快分完的时候，向国家争取到了调迁政策，1985 年搭上了三线调迁的“末班车”，迎来“柳暗花明又一村”。

但是，实现基地整体迁建谈何容易。这其中最大的困难便是资金——除了国家和航天工业部的少量拨款外，其余绝大部分都要 068 人自筹或借贷。068 人再次掀起了“艰苦奋斗奔自立，合舟共济渡难关”“自己挣钱发工资，筹措资金建新址”的热潮。本着“穷搬迁”的理念，068 基地上下一心、团结奋斗，从 1989 年到 1993 年，068 基地把 1 万名职工和家属从山里搬迁至长沙望城县天顶乡（现长沙市岳麓区）。

二、自谋生路　矢志不渝的“军品梦”

就这样，遇上两次“末班车”的 068 基地，凭借自强不息的精神，在艰难困苦中开启一条新生之路。但由于历史原因，068 基地没有军品型号任务，工艺也不配套，因集中资金进行调整搬迁，军转民后技改投入有限，新的产品项目上不去。又由于三线基地建设中途下马，造成人员结构极不合理……1994 年，068 基地百分之八十的企业亏损，基地陷入严重困境。

1995 年，068 基地领导班子提出“建立一个好机制、开发一个好产品、建设一个好班子”的改革振兴指导思想，进行分流分立、化小分离，大力推进新机制的建立与新支柱产品的形成，促使从企业母体中分立出来的子公司，在市场搏击中形成万马奔腾的局面。

在实施分离分立中，068 基地集中力量抓军品与民品支柱产品，培育新的利润增长点。1996年，在进行充分市场调研与分析论证基础上，068人把新的利润增长点定位在生产高端磁性材料上，并组建了湖南航天磁电有限责任公司。如今，该公司生产覆盖各类磁性材料产品及器件，拥有中国驰名商标“航天磁”，其高性能永磁材料及器件远销全球30多个国家和地区，成为20多家世界五百强企业的优秀供应商，2020年公司经营规模达6.66亿元。

发展民品给了068基地短暂的繁荣。各个厂依托自身技术特点，开发出电机、金刚石压机、农用四轮车、地面接收站等民品，一时风头正劲。但在068基地领导班子看来，作为一家航天企业，没有军品就相当于没有根基。

要想进入军品领域，谈何容易？一开始，068基地利用自己的加工能力，承接了一部分型号电源、天线等零部件产品，但终归小打小闹，不成气候。1999年，航天两大集团成立，068基地牢牢抓住国防工业体制调整的机遇，开始在军品领域谋求更大布局。经过深入调研，068基地将目光锁定在了惯性测量组合上。

面临重重困难，068基地一头扎进惯组研发领域，像“攻山头”似的，拿下一个又一个难题。两年时间拿出惯组原理样机；三年时间，样机落地，产品成形。2001年，068基地迎来大考，产品第一次随弹试验，结果大获成功，湖南造惯组“一炮走红”。奋斗几十载，068基地终于圆了自己的“军品梦”！

此后，在导弹武器系统总体领域，“湘军团”的实力越来越不容小觑。068基地坚持技术创新，率先研制出三自惯组，此后又紧跟技术前沿，研制出光纤惯组和激光惯组，逐渐成长为国内领先的装备提供商，在惯性技术领域引领了国内捷联惯组发展新方向。

三、自强不息 进入改革发展“快车道”

自主创新，让 068 基地唱出了“翻身道情”。面对成绩，068 人清醒判断面临的环境与机遇，以求真务实精神，不断将 068 基地建设推向新台阶。

2016 年，湖南航天工业总公司成功改制为湖南航天有限责任公司（保留“068 基地”军工代号），开始驶入发展快车道。经历了自力更生求发展，改革脱困求生存阶段的湖南航天，逐渐形成了浮空器、惯性导航、新材料、微波器件加工、磁性材料与器件等产品为主的产业布局。不过，在产业发展方面仍存在一系列问题——产业基础薄弱，产业规模偏小；产业关联度不强，军民产业“小而散”；科技投入不足，新技术产业化研究力量不强……

在国有企业改革持续深化背景下，混合所有制改革成为国企改革的重要突破口。2017 年 4 月，湖南航天成为国家发改委公布的第一批军工二级混合所有制改革试点单位，进入国家国资委“双百行动”名录。这是湖南航天深入贯彻落实党中央、国务院关于深化国有企业改革要求的重要举措，也是湖南航天在新时代谋求更大发展的自我驱动。

2019 年 12 月 10 日，湖南航天完成混改引资引战阶段全部工作。本次增资扩股，湖南航天共引入4家战略投资者，共募集资金18.37亿元，步入高质量发展新阶段。

如今，体制机制的创新，让湖南航天在现代企业的发展道路上“奔跑起来”。湖南航天深入践行强军首责，贯彻集团公司“1+4”战略，党的建设质量不断提高，经济运行质量明显提升，核心竞争能力持续增强，全面深化改革稳步推进，科技创新取得显著成果，人才智力结构持续优化，核心能力建设全面推进，经营管理效能不断提高——真抓实干、埋头苦干、锐意进取、日新月异，将“战略地位比经济规模更重要、发展质量比发展速度更重要，努力成为原创技术‘策源地’、争当现代产业链‘链长’，争做现代产业集群‘群主’”作为湖南航天发展和“十四五”规划的原则，奋力开启湖南航天高质量发展新征程！

述往思来，向史而新。忆往昔，为三线建设而战的号角还在耳边回荡；望未来，新时代的画卷正在我们面前徐徐展开——如今，历经半个世纪风风雨雨的湖南航天站在了新的发展起点上，激发蓬勃的航天力量、航天精神、航天效率，只争朝夕，为国铸剑，正朝着“将湖南航天建成世界一流的航天防务新材料新装备公司”发展目标昂首迈进！

坚定不移跟党走 服务国家信息化

郑 微

20 世纪 90 年代，改革开放成效初现，市场经济逐渐活跃，但不法分子偷税漏税，严重侵蚀着国家税收。在这个危急时刻，航天人临危受命、不辱使命，用航天技术筑起了我国防伪税控的铜墙铁壁。航天信息从此踏入了中国信息化建设这个宏大的产业领域。

航天信息的成长足迹，始终伴随着中国信息化的发展历程，伴随着中华民族伟大复兴的坚定步伐。今天，航天信息在党的全面领导下，进行技术自主创新，深入拓展业务领域，实现了党建和业务融合互促，并不断从党的百年光辉历程中汲取高质量发展的不竭动力，正在为建设成为国际一流的信息产业集团，向着实现第二个百年奋斗目标奋勇前进。

一、回望初心，筑起中国新税制“生命线”

自 1994 年 1 月 1 日起，我国开始实行以增值税为主体的流转税制度。由于增值税专用发票不仅能作为购销凭证，而且能抵扣税款，兼具货币的某些职能。因而，一些不法分子利用发票偷税骗税，致使国家税收流失严重。

航天人用高科技手段成功研制了增值税防伪税控系统，从纳税和税收征管等方面构筑大国税收盾牌，为推进改革开放释放了更大动能。为了集中精力建设好金税工程，确保防伪税控系统在全国推广应用，2000年11月1日，由中国航天科工集团有限公司控股、以信息安全为核心技术的航天信息股份有限公司正式成立，开启了护航我国财税安全的创新之路。

生于斯，长于斯。

“偷税漏税，实质上就是在偷国家的钱。每一张增值税专用发票，实质上代表的都是真金白银。”航天信息党委书记、董事长马天晖谈道，航天信息从事的业务，几乎都是涉及国家安全，关乎国计民生的，“哪一项都不能出问题，航天信息这些年一直在党的领导下履行着社会责任”。

对于航天信息而言，2003年注定是其发展历程中的一座里程碑。7月11日，航天信息正式在上海证券交易所挂牌上市。“当年，我国出现严重的非典疫情。几位负责防伪税控系统推广的北京同事到上海出差，做认定系统联调测试和网络版安装工作。因为当时北京疫情比较严重，几个人到上海后没有宾馆敢接待，最后，还是在国税局帮忙协调下得以入住宾馆。”就是在这样的情况下，航天信息2003年实现销售收入20.9亿元，同比增长103.8%。公司克服非典疫情带来的不利影响，用半年的时间完成了过去十年的工作量。

防伪税控系统全面推广以来，有效遏制了税收不法行为，创造了巨大的社会效益和经济效益，被誉为中国新税制的“生命线”和防止偷漏税的“杀手锏”。

近年来，“减税降费”“增值税减免”等成为政府工作报告中的热议话题。航天信息作为“金税工程”的主要承担者，以央企的使命感和责任感，始终都在积极参与，在国家历次重大税制改革中从未缺席。2019年年初，党中央、国务院作出减税降费战略部署，作为国家增值税发票管理系统主要的技术及服务提供商，航天信息党委闻令而动，2个小时内专题研究，72小时内全体系动员，迅速完成28个项目升级，这一次的系统升级也创造了单日峰值200多万户的历史纪录，确保了党和国家的惠民之举尽快落地见效。

二、强“根”铸“魂”，全面助推国家信息化建设

党旗所指，就是航天信息的奋斗方向。2016年，习近平总书记在全国国有企业党的建设工作会议上指出，坚持党的领导、加强党的建设，是国有企业的“根”和“魂”，是我国国有企业的光荣传统和独特优势。

航天信息党委旗帜鲜明讲政治，严格贯彻落实“第一议题”制度，把学习贯彻习近平新时代中国特色社会主义思想作为首要政治任务和主题主线，深入学习习近平总书记重要讲话和重要指示批示精神，全面理解和把握党的创新理论、党和国家重大战略部署。通过“集中学+自主学”“带头学+共同学”“专题学+普遍学”等形式，创新中心组学习方式，在学深悟透上下功

夫、在知行合一上求实效。同时，针对所属企业股权形式多、个人股东多的实际，在社会公众股东占比52.98%的情况下，航天信息股东会以99.08%的比例高票通过修改公司章程议案，境内所属法人单位全部完成党建进章程工作，有效发挥了党组织在重大决策问题上的前置把关作用等。

根本固者，华实必茂。

回顾20余年的发展历程，航天信息从税务信息化起步，聚焦信息技术产业领域，重点发展金税、金融科技服务、智慧、网信产业，积极拓展海外市场。在不断推动业务深入开展，实现经营稳健增长的同时，航天信息党委坚持党的全面领导，全面加强党的建设，切实把管党治党责任传导到公司科研生产经营管理各个环节，为全面助推国家信息化建设提供了坚实的政治、思想和组织保障。

在党的坚强领导下，航天信息经历了太多的第一次和值得铭记的时刻。首次在全国上线推广增值税防伪税控系统，首次在发票上应用汉字防伪技术，全国第一张营改增发票的开具，全国第一家数字粮库的诞生，全国第一次居民身份证的异地挂失受理，全国第一版统一的出入境业务管理系统的上线，国家电子政务首批试点示范企业……

初出校门的“95后”青年员工罗俊经历了毕业后的第一个重大事件，对此深有感触。当时正是港珠澳大桥开通前夕，在大桥珠海公路口岸珠澳边界区，旅客通关使用的“三门通道”自助通关闸机正是由航天信息耗时4年倾力研制的，属于世界首创，拥有完全自主知识产权。

但将长 5.5 米、重达 500 千克的自助通关闸机运到安装现场绝非易事。由于市区限行，为了准时安装好全部 40 条通道的自助通关闸机，罗俊所在的团队只能晚上 10 时以后出发，次日凌晨 2 时至 3 时到达，而且要来回走十几趟。刚参加工作不久的他，根本没料到编写代码的“技术咖们”还要扮演“搬运工”“安装工”的角色，撸起袖子直接上更是家常便饭。“在一次搬运过程中，设备发生了倾斜，大家第一反应不是躲，而是争相伸手、伸脚过去垫。”2018 年 10 月 23 日，港珠澳大桥正式开通，航天信息的研发成果通过了“实战”检验。

2019 年 10 月 24 日，习近平总书记对推进区块链技术应用作出重要指示，强调要把区块链作为核心技术自主创新的重要突破口。航天信息党委第一时间组织专题学习研讨，安排“专家授课”，坚持“党有号召、我有行动”，积极开展区块链产业布局，推进区块链技术应用落地。

密码技术是区块链的核心技术。航天信息区块链产品以密码技术为核心，突破区块链可监管隐私保护、新型共识机制、跨链通信协议、大数据融合等多项关键技术，全方位采用国密算法，实现了一套高效国密算法库，同时终端硬件等全面支持国密标准，保障了系统的安全合规，为区块链的长远发展奠定了基础。

同年 11 月 8 日，航天信息区块链平台通过了工信部可信区块链权威认证，这是一个具有里程碑意义的“大事件”。11 月 28 日，航天信息承建的基于区块链的疫苗追溯监管平台在天津上线，与国家平台对接，贯通药监局、卫健委系统，实现了疫苗从生产、流通到使用各环节的全流程可追溯监管。同时，航天信息支持云南、西藏、安徽、黑龙江等地的疫苗追溯监管项目，为“数字战疫”的答卷上添上浓墨重彩的一笔。目前，航天信息已组建形成了“1+5+N”的区块链组织架构体系，打造形成了“1+4+N”的区块链技术产品体系，在电子发票、疫苗监管、车辆全生命周期管理、货运物流等诸多领域实现创新应用，中标多项省部级以上区块链重大专项，连续两年入选工信部网络安全技术应用试点示范项目名单。

航天信息积极响应国家对信创产业等新基建的战略部署，2019年6月成立网信产业本部，构建起信创产业咨询设计、核心产品、系统集成、运维服务一体化的综合能力，从“涉足”到“站稳”一气呵成。2020年是信创产业发展的关键期，受疫情掣肘，投标团队成员赶赴外地进行投标有着诸多不便，“出京要隔离，返京也要隔离，很多同志已经长达两三个月没有回过家了。”同时，面临着家庭与事业两难兼顾的境地，“疫情期间孩子居家学习，需要照顾辅导，但作为项目组的一员，不能在关键时刻掉链子。”正是团队成员的自觉奉献和辛勤付出，让航天信息一步步夯实了区域市场。截至目前，航天信息参与建设数百个国家重点信创工程及项目，覆盖数十个部委及全国31个省市自治区。一摞摞、一箱箱、一车车奔赴各地的标书换来了数百个项目合同，转变为航天信息转型升级的点滴动力，筑起了国家信息安全的铜墙铁壁。

三、坚定信念，汲取高质量发展强大动力

“提高政治站位，凝聚思想共识，充分认识开展党史学习教育的重要意义。广大干部员工要以史为镜、以史明志，接过历史接力棒，把学习成果转化为工作动力，推进党史学习教育取得扎实成效。”马天晖在航天信息党史学习教育动员部署会上的讲话，明确了在学习中的具体要求。

不忘初心，方得始终。

精神的伟力，总能带来心灵的震撼。党史学习教育开展以来，航天信息党委带头学、作表率，党委理论学习中心组 20 次深入学习习近平总书记重要讲话和指示批示精神，举办 5 次读书班，以学党史为重点，统筹推进“四史”学习。坚持理论学和现场学相结合，参观中国共产党历史展览馆，学习中国共产党波澜壮阔的百年历史，感悟伟大建党精神，从中汲取推动公司改革发展的强大动能；集体赴平西抗日战争纪念馆现场学习，重温党领导平西人民从播撒革命火种到展开全民族抗战的艰苦奋斗历史。

全年策划 20 项“红色+”系列活动，“七一”当天通过线上直播的方式，全国各地分子公司 7500 余人参与联动，共同为党的百年华诞送上祝福。各级党组织利用当地红色教育资源开展主题党日活动，组织参观学习 52 次，近 2600 人次参与；举办宣讲会 75 场，近 3500 人次参与。策划制作“寻迹 · 永远跟党走”“入党誓词”“我的入党初心”等微视频、微电影 40 余

部，30多家区域公司在拍摄中感悟初心使命，赓续红色血脉。

推动“我为群众办实事”实践活动见实见效。全体系建立本级及分子公司两级台账408项，累计投入930余万元。持续开展员工关怀体系建设，优化调整薪酬结构，连续5年为员工增加餐费补助，提升食堂餐品质量，园区修建新能源充电桩等，不断提高员工的获得感、幸福感、安全感。

航天信息坚持理论与实践、历史和现实相结合，坚持学用并重，知行合一，不断提高党员干部员工思想凝聚力。将党史学习教育与“十四五”发展规划和长远目标、2021“改革创新年”相结合，与“科改示范行动”、高质量发展相结合，将学习成效运用到公司谋划重大战略、部署重大任务、推进重大工作的实践中去，推动党史学习教育“学为常态、常学常新”，为公司在“十四五”开局起步中发挥好央企顶梁柱作用提供了重要思想保证。

进入新时代，航天信息矢志不渝听党话、跟党走，坚持服务国家战略、服务国计民生，坚定不移扛起在全面建设社会主义现代化国家中的应有职责：落实党中央关于自主创新的重要部署，推动产业化发展和数字化转型；响应国家对信创产业等新基建的战略部署，积极开展顶层营销，主动融入国家、地方规划；落实习近平总书记关于信创、区块链、量子科技、数字经济等行业领域指示批示精神，加大自主创新力度，加快关键核心技术攻关，努力打造原创技术“策源地”，争当现代产业链“链长”，完成区块链和密码两个方向的技术攻关；人工智能与大数据形成“1+3+5”的产品布局，应用到税务、公安、市场监管等多个行业场景；全面落实国企改革三年行动计划，获评标杆“科改示范企业”，通过市场化改革，提升产业发展能力等。在党建的引领带动下，航天信息的企业效益、企业竞争力不断增强，加速步入发展快车道。

今年是中国共产党成立100周年，是“十四五”开局之年，站在“两个一百年”奋斗目标的历史交汇点，航天信息党委将高举中国特色社会主义伟大旗帜，贯彻落实党中央和集团公司党组工作部署，学史明理、学史增信、学史崇德、学史力行，加快自主创新、转型升级步伐，以高质量发展助力国家信息化建设迈上新台阶，为建设成为国际一流的信息产业集团，向着实现第二个百年奋斗目标奋勇前进。

百折不挠创业路 初心不改新征程

——华腾公司发展纪实

刁 璞

中国华腾工业有限公司是中国航天科工国际化经营的主平台。在集团公司党组的正确领导下，一代代华腾人用坚毅的步伐走过了一条艰难的探索之路，用辛勤的汗水谱写了一首壮丽的诗篇，用不懈的追求成就了今天的蓬勃发展。

一、扬帆出海 披荆斩棘创辉煌

40多年前，公司成功签署了首个外贸合同，揭开了航天外贸事业的序幕。40多年来，一代又一代华腾人始终秉承“国家利益高于一切”的核心价值观，成功闯出了一条航天高科技产品与技术的进出口之路。

40多年来，公司紧抓时代发展机遇，遵循市场经济规律，发挥贸易优势，从无到有，由弱到强，将一大批中国航天先进产品成功推向国际市场，向世界证明了中国高端产品的优异性能；公司还通过国际合作，不断助力中国航天提升核心竞争力，为集团公司迈向“世界一流航天防务集团公司”积累了美誉口碑，为提升中国航天高科技装备科研生产能力，为服务国家外交战略、维护国际及地区和平稳定发挥了独特作用。经过 40 多年的不懈努力，公司的战略地位、行业影响力不断提升。

二、百折不挠 激荡前行展特质

在前进中有曲折，在曲折中前进，是一切新事物发展的规律。作为国家最早开展航天外贸业务的企业之一，公司的国际化经营工作始终顽强地在夹缝中求生存，在磨砺中壮筋骨，由此形成了百折不挠的企业文化精神特质。

40 多年来，越是在复杂严峻形势下，华腾人的斗争意志就越坚定，斗争本领就越高强。公司虽几经变革，但始终不变的是服从国家利益、服务航天发展的核心价值观，是精进不止、自强不息、密切协同、超凡卓越的企业精神，是百折不挠、奋力拼搏的顽强意志。公司党委团结带领全体干部职工，始终保持昂扬向上、接续奋斗的姿态，始终保持闯关夺隘、百折不挠的韧劲，始终保持攻坚克难、建功立业的信心，勇闯新路克时艰，牢牢掌握发展主动权。

公司党委努力践行国家“一带一路”倡议，积极响应“人类命运共同体”号召，聚焦国际市场前沿，推动事业创新发展。特别是在“十三五”期间，中亚、中东、东欧、南亚和拉美等地区市场取得显著突破，国际订单有力牵引了航天外贸装备研发和国内装备转型出口，技术引进助力了集团公司科技创新能力提升，并稳步进入战略资源领域，公司服务国家战略、服务国防建设、服务国计民生的能力得到大幅提升。

三、再鼓风帆 浓墨重彩谱新篇

2020年，一场突如其来的新冠肺炎疫情，让华腾公司面临前所未有的严峻挑战。国际疫情持续蔓延，世界经济下行风险加剧，国际形势日益复杂多变。公司发展正面临着外部市场疲软、霸权困扰加剧以及国际疫情叠加的巨大困难。

越是形势严峻复杂，越需要勇当先锋、敢打头阵；越是任务艰巨繁重，越需要主动担当、积极作为。坚持党的领导、加强党的建设，是国有企业的“根”和“魂”。公司党委深刻学习领会习近平新时代中国特色社会主义思想，以高度的政治责任感和历史使命感，坚决贯彻落实党的十九大和十九届历次全会精神，坚决贯彻落实党中央决策部署，带领干部职工强信心，筑同心，为建设世界一流国际化经营平台公司打牢坚实的思想政治基础，把红色精神转化为担当有为的勇气与扎实工作的动力。干部职工充分感受到公司党委的信心、决心与关心，获得感、幸福感、安全感不断提升，干事创业的积极性、主动性和创造性得到有力激发。

创新是企业发展的核心竞争力。公司党委聚焦主责主业，以强烈的危机意识和忧患意识主动跟上外部政策环境和商业环境的变化速度，紧密围绕集团公司“十四五”综合规划加强国际化经营，持续优化产业结构和区域布局，积极融入国内大循环、国内国际双循环的新发展格局。公司党委强化市场导向，准确把握重点市场地缘政治走向，带领干部职工集智攻关，科学谋划市场年度营销策划案，大力加强渠道建设，深度挖掘传统市场，强力推进热点市场，精心培育新兴市场，积极开辟培育新业务。38 支党员突击队按照公司党委提出的“学习不止、工作不断、思考不停、交流不阻、指标不变”要求，苦练内功，抢乘第一架国际航班，全面奋战在经营管理、市场开发第一线。

风正帆满海天阔，劈波斩浪再远航。只要华腾人不忘初心，牢记使命，抓住机遇，激发活力，创新发展，就一定能够高质量做好国际化经营工作，为实现强国梦、强军梦和航天梦谱写出新的华彩篇章！

牢记红色初心使命
拓荒深圳经济特区

沈玉彬

赶考不停歇，奋斗不止步！穿越历史的回响，中国共产党的百年风雨征程，就是一条永不停歇的奋斗之路。这条路，彰显着一代代共产党人不懈奋斗的姿态；这条路，通向更加光明灿烂的未来。

在深圳改革开放大潮下，深圳航天如何坚定红色初心，以饱满的精神状态创造新成就、赶赴新征程，致敬改革开放事业和中国航天事业一代代的开创者、开拓者、建设者。

一、增强本领，担当新使命

习近平总书记指出，“我们党的百年历史，就是一部践行党的初心使命的历史。”1980 年，深圳经济特区正式成立。在国家改革开放的号召下，中国航天人传承红色基因、赓续红色命脉，1984 年在特区建立深圳航天，在一穷二白的条件下求生存、谋发展、练内功，实现了资产和年营收 100 倍的高速增长。

从零起步，试错前行。改革开放之初，拓荒经济特区无经验可循，深圳航天始终坚持党的领导，履行上级党组织决策部署，对中国航天在粤企事业单位进行集中经营、集中管理，在航天精神的感召和鼓舞下发扬优良品质作风，敢于试错，从一个企业管理机构转变为自负盈亏、独立核算的经济实体。发挥集群优势，深圳航天通过加强 44 家所属企事业单位间的技术经济联系，1989 年实现工业总产值 1.4 亿元，走过了最初铺摊子、打基础、求生存、上项目的阶段。

夯实基础，砥砺本领。1992 年，我国确定了建立社会主义市场经济体制改革目标。深圳航天弘扬敢闯敢试、敢为人先、埋头苦干的特区精神，以国家发展第三产业为契机进军房地产行业、探索“国有控股，授权（民营）经营”的混合经济模式深圳市中兴新通讯设备有限公司，并推动中兴在深圳和香港的两次上市，系列举措全面夯实公司市场化改革进程。2002 年，公司经营规模和总资产规模迅速扩大，初步形成了以工业和现代服务业为主业的发展格局。2008 年全球金融危机下，公司把国企改革向纵深推进，想方设法提高经济效益，逐步转变亏损局面。到 2015 年经营发展迈上全新的台阶，年营收和总资产双双突破百亿元。

航天工研院每一个关键时期和重大历史进程中，集团党组始终发挥总揽全局、协调各方的领导作用，公司党委和各级党组织带领广大职工有效破解了改革发展难题，成功应对了来自各方面的风险挑战，不断把党建优势转化为发展优势，不断提高党把方向、管大局、促落实的能力和定力，切实让党的领导在公司发展中凝聚起磅礴而持久的力量。

二、自我革命，实现新跨越

唯有激发自我革命的勇气，才有实现自我完善的可能。始终保持自我革命的气魄和精神，是党永葆青春的奥秘所在。传承中国共产党百年历程中自我革命的斗争精神，深圳航天坚持扛起时代大任，时刻保持奋斗精神，勇于在改革攻坚中打头阵，在高质量发展中当先锋，在为民服务中作表率，以昂扬向上、奋发有为的精神状态干事创业。

牢记初心，驰而不息。20世纪90年代，大量国企出现效率低下、三角债频发等问题，面对自生自灭还是自力更生的选择，深圳航天初创者们坚守初心、勇担使命，放下架子、甩开膀子，与职工们一起自产自救，拒绝“坐、等、靠、要”，用切实可行的举措为公司未来发展打下根基。1992年，公司坚持以经济建设为中心，商用空调项目投产仅一年半就创造了1.2亿元的经济效益，加大技术研发投入后，商用空调公司业务自主权和技术自主权得到进一步掌握，不仅通过了国家高新技术企业认定，还参与了8项国家标准的起草制定。公司加强国际贸易业务与工业的紧密结合，通过经营管理模式创新，在21世纪初形成了包含直接远洋贸易、外贸代理、进口商品自营销售的国际贸易业务群，使公司连续多年成为集团公司和深圳市的出口创汇大户。

先行先试，跨越发展。高举先行先试的旗帜，是深圳不断前行的制胜法宝。深圳航天发挥区位优势和政策优势，准确把握时代脉搏，在国家大力推进坚强智能电网建设部署下，整合成立航天电气分公司，先后收购多家电力相关企业，加快形成公司电力装备领域的专有核心技术、关键产品与规模化发展。抓住航天科工集团重点发展航天云网的历史机遇，公司在集团党组领导下，将丰富的航天资源与迫切的产业转型升级需求相对接，协同解决国内外各种创新创业难题，落地深圳、南昌、成都等七地航天科创中心，打造“航天科创”品牌，引领科技创新能力提升。

作为参与和见证了深圳经济特区建设的航天工研院，历经了 3 次转型发展，取得了辉煌的成就，不仅传承了航天企业一脉相承的红色基因，还见证了中国改革开放和深圳特区建设的艰辛历程，更弘扬了中国共产党勇于自我革命的品格和中国航天人忠诚爱党、勇于创新的光荣传统。

三、接续奋斗，创造新辉煌

航天梦是强军梦、中国梦的重要组成部分，航天事业事关党和国家安全、事关民族复兴和人民生活安定。新时代航天工研院聚焦主责主业，履行强军首责，竭力一步步实现“让航天技术造就更大福祉”的战略使命，完成好党和人民托付的历史任务。

传承创新，勇攀高峰。航天工研院作为一家诞生于深圳特区、与其同频发展的航天企业，“航天基因”与“深圳元素”是与生俱来的企业核心禀赋。2016 年，深圳航天响应国家号召，成立航天工研院，转型升级为新型研发机构，把航天精神融入血液里，在改革创新与产业发展上“当尖兵”“挑大梁”，在深圳这片创新沃土上开启航天企业转型发展新的征程。

创新驱动，筑梦航天。作为航天科工综合性科技创新平台及体制机制先行先试创新特区，航天工研院履行好航天科工集团赋予的粤港澳大湾区桥头堡的战略定位，以创新驱动变革，锚定国际化、服务化、融合化的战略发展方向，勇拓先锋，稳进增建，积极培育新兴高科技产业，构建“四民两军三基础”的产业体系，不断向航天科学技术广度和深度进军，致力成为世界一流航天工业技术创新发展智慧型公司。

纵观深圳航天自1984年以来的发展历程，无论是在改革开放初期的艰辛创业，还是进入21世纪的集团化发展的使命担当；无论是市场化改制，还是在国内国外双循环市场模式下转型升级，航天工研院的每一次转型都是围绕国家战略的积极响应和责任担当，都是爱国兴企的具体表现。未来，航天工研院将时刻谨记红色使命，在科技创新和数字化浪潮中守正创新、破解难题，筑梦航天、开创新局，让航天技术造就更大福祉。

担起时代使命 扬起奋斗风帆 踏进新征程

宫兆敏

三十年，是一种经验的沉淀，三十年，是一种基石的夯实，三十年，见证了昨日的栉风沐雨。

追溯航天汽车的发展历史已有30余年，其前身为1989年成立的中国航天地面设备总公司。承载深厚航天文化的航天汽车人脚踏实地、聚精会神搞建设，一心一意谋发展，成立初期得到党和国家领导人的高度重视，先后以听取专题汇报、作出指示批示等方式，支持和关心航天汽车的项目。今天，秉持着“科技强军、航天报国”的企业使命，航天汽车人紧紧地扼住命运的喉咙，发扬红色传统、传承红色基因，赓续共产党人精神血脉，始终保持革命者的大无畏奋斗精神，鼓起迈进新征程、奋进新时代的精气神，从磨难中汲取成长的智慧，构筑理想丰碑。

一、坚定理想信念 抢抓机遇谋发展

习近平总书记指出：“理想信念是中国共产党人的精神支柱

和政治灵魂，也是保持党的团结统一的思想基础。”航天汽车党委始终坚持用真理武装头脑，加强党性修养，筑牢信仰之基、补足精神之钙、把稳思想之舵，在荆棘丛生的国内外复杂环境中坚定信心，奋勇前进。1996 年 8 月航天三菱发动机项目合资协议签字仪式在北京人民大会堂举行，国务院总理李鹏、副总理朱镕基，马来西亚总理马哈蒂出席签字仪式。1997 年 8 月，航天汽车以国家政策法规和市场为导向，抓住国家战略转型的重要机遇，成立了由日本三菱商标委员会授权在中国境内唯一合法使用三菱标志的发动机制造企业航天三菱。紧跟汽车产业轻量化、智能化和新能源化的发展趋势，在引进日本三菱自动车发动机制造技术基础上，按照“生产一代、试制一代、预研一代”的产品升级换代模式，不断自主创新，提供市场需求的系列化、多元化产品并保持产品技术领先，形成了多元化产品布局。经过多年的励精图治，航天汽车自主开发了多系列应急救援与保障装备、各型专用车等高技术产品。各类产品广泛应用于国防装备、国民经济和社会发展的方方面面，市场份额不断扩大，不仅实现了进口替代，而且远销海外。在抗击南方冰冻雨雪灾害、四川汶川大地震、青海玉树地震和舟曲泥石流灾害过程中，航天汽车公司先进的技术和装备发挥了重要作用，彰显了强大的航天高科技实力和中央企业“顶梁柱”作用。

二、汲取精神力量 强化使命担当

攻坚克难离不开历史的启示，铭记历史才能开辟未来，善于继承才能善于创新。行，是学习党史的最终检验，也是取得新知、创造认知的逻辑起点。

实施固本强基行动。航天汽车党委大力弘扬伟大建党精神，发扬航天“四个特别”的精神，加强党的组织建设，以提升组织力为重点，突出政治功能，把党的领导贯彻落实到位，为企业改革发展稳定各项工作提供坚强组织保证，严肃党内组织生活，积极探索加强混合所有制企业党建工作新路径，航天三菱多次登上航天科工大讲堂，交流党建工作经验。

实施守正创新行动。2011 年年底，按照集团公司轻型专用车及汽车零部件资源重组战略部署，航天汽车党委按照集团公司“四个化”战略导向，面对一无核心产品、二无专业生产线、三无适用的生产厂房的困境，自强不息，艰苦奋斗，将航天誉兴从小、散、弱的 6 家非法人单位快速融合发展为具有自主开发能力的专业化汽车零部件生产企业，并在抢抓市场机遇、实现快速发展过程中，航天汽车领导班子按照集团公司转型升级、二次创业的战略部署，结合内部资源整合的发展契机，明确了以汽车发动机金属零部件大规模生产为主业的发展思路，将不符合发展方向的产品和业务逐步退出，凭借多种形式生产能力建设的探索与实践，闯出一条资产运营创新之路。

实施责任落实行动。“知责任者，大丈夫之始也；行责任者，大丈夫之终也”。航天汽车党委把学习贯彻习近平总书记重要讲话精神同学习习近平总书记在全国国有企业党的建设工作会议上的重要讲话精神结合起来，制定完善发展规划，始终坚持“国家利益高于一切”企业核心价值观，牢记“科技强军、航天报国”企业使命。在祖国的西南，美丽的春城，航天汽车军品单位以后勤装备标志工程为主线，以品牌为牵引，以高科技自主创新为动力，建立了一个高水平的后勤装备研制生产基地。作为航天科工集团后勤保障装备产业战略牵引单位，航天汽车承担后勤保障装备体系发展规划论证、重大装备系统研发和核心关键技术攻关等相关业务，充分发挥航天科工武器及特种装备设计及生产能力，打造全新的军队装备保障模式，引领相关专业技术创新，是后勤保障装备技术创新、装备研制及人才培育基地。

三、勇立潮头 奋勇搏击

中国的社会主义道路发展到今天，取得的成就不是天上掉下来的，更不是别人恩赐施舍的，而是广大人民群众在党的领导下用勤劳、智慧、勇气干出来的！

多年来，航天汽车党委将新发展理念贯穿于人力资源管理的全过程，完善有利于领军人才和创新人才涌现的人力资源管理体系，充分盘活现有人才队伍资源，快速提升人力资源开发与管理水平，进一步激发人才的创造活力和创新热情，实现人力资源的深度挖掘，不断提升人力资源管理的价值创造能力。围绕转型升级需求，切实加强人才队伍建设，推进人才资源绩效管理体系建设。

航天汽车党委采取“三最爱民”的方式，践行以人民为中心的发展思想。从最一线的员工入手，不断提高为一线员工提供及时准确、精细服务保障水平。从最突出的问题抓起，促进后勤保障装备科研生产工艺规范性和质量一致性，提升市场竞争力。从最现实的利益出发，开拓市场和推进商务，点亮信仰之光，全体员工上下齐心，热血奔涌。

习近平总书记强调，新时代是奋斗者的时代。航天汽车正处于一次新机、新局的开始。心有所信，方能远行，面对滚石上山、爬坡过坎的特殊时期，航天汽车各级党组织和党员干部从百年党史中汲取无尽智慧和巨大力量，毫不畏惧面对一切艰难险阻，胸怀航天魂，拿出越是艰难越向前的自信，涵养千磨万击还坚劲的毅力，展现乘风破浪的干劲，在科学研判中稳布局，在市场开拓中解困局，在改革攻坚中克难局，在风险防范中化危局，变被动为主动、化不利为有利，以“十四五”开好局起好步，为建成集团公司保障装备领域的中坚力量和智能装备领域具有核心竞争力的优秀企业不懈奋斗。

继往开来 开拓创新
奋力开启航天通信高质量发展新征程

航天通信党委

2021年是中国共产党成立100周年，中国航天事业创建65周年。在波澜壮阔的百年党史中，航天事业发展史犹如一颗璀璨明珠，闪耀着在中国共产党领导下的航天工作者为维护国家安全、推动科技进步、促进经济发展、振兴民族精神所作出的不懈努力和取得的辉煌成就。

作为一家从事信息通信和防务装备产业的航天企业，航天通信成立至今，始终秉持“科技强军、航天报国”企业使命，公司总装生产的红旗二号导弹，多次击落美高空无人侦察机；自主研制生产的前卫系列导弹武器系统填补了我国第一代、第二代便携式地空导弹武器系统空白；作为我国最早从事无线、有线通信设备研制生产的厂家之一，公司先后承担了多型军用通信型号科研项目，为我国航天事业发展作出了重要贡献。

一、栉风沐雨的改革之路

航天通信位于浙江省杭州市解放路138号，坐落于美丽的西子湖畔，前身为浙江省纺织工业公司。1987 年，公司踏上国企转制的改革征程。1993 年，经国家体制改革委员会批准进行股份制试点。2000 年 8 月，浙江省人民政府与中国航天科工协商签订《省部合作备忘录》。中国航天科工成为公司第一大股东，并陆续注入军用通信、航天防务、军用制造等军工资产，经过 20 多年的产业结构调整，航天通信逐渐形成了以通信技术、航天防务、信息技术为主的三大业务板块，专业技术涵盖了导弹武器、特种车辆及电子方舱、通信技术、信息技术、电子装备制造等领域。公司 20 余种产品填补了国内空白，百余种产品获国家、部、省级优质产品奖。拥有全资或控股三级公司 9 户，四级公司 2 户，分布在浙江、江苏、四川、辽宁、北京、湖南等地，具有国家高新技术企业资质，军工行业准入资质，是一家承载深厚航天文化的国防科技型企业。

二、矢志报国的强军路

航天通信深入贯彻习近平强军思想，履行强军首责，发展航天防务基业，在导弹总体、制导控制、大吨位转载、军用方舱、高精密结构件加工装调等方面潜心深耕，持续巩固单兵便携式防空导弹基业的地位，先后研制出四代六种型号单兵便携式防空导弹，主要用户遍及国内外。成功实现新型运输和转载特种车辆研制生产，交付多种型号装备数百台。公司总装生产的“红旗一号”“红旗二号”“海鹰二号”系列导弹列装部队后，大大提升了我国的备战力量，红旗系列导弹开创了首例地空导弹击落飞机的实战先例，曾先后五次击落美国U2侦察机，为国防建设作出了重要贡献，得到了毛主席、党中央、国务院、中央军委的充分肯定和赞许，自20世纪60年代，毛泽东、朱德、邓小平、华国锋、贺龙、董必武、王震、许世友、陈云、李德生、张爱萍等国家领导人都曾莅临公司所属企业视察指导工作。当前，公司承担国家多个重点型号的空气舵、舱段等产品的配套生产，保障型号生产任务顺利完成，为维护国家安全和发展提供了支持和保障。

三、强军路上的“通信尖兵”

航天通信聚焦通信主业，致力于通信装备、航天应用和智慧产业，长期为各军兵种提供装备及配套服务，在指挥通信、通信导航系统、武器装备信息化、通信系统集成、信息安全等方面具有总体设计能力。航天通信拥有我国第一条成套引进的多层印制板生产线，是国内最大的军用印制电路板制造企业之一，是航天企业军品印制电路板定点生产厂家，荣获国家、行业及省市多种荣誉。公司先后承担了国家“六五”以来的军用通信型号科研项目，是我国最早从事有线通信设备研制的厂家之一，是我军电缆通信设备的专业承制单位，是我国被复线通信、PCM设备等军用标准的主要起草单位之一。公司先后研制开发了军民用通信产品一百余种，产品机动便携，数10种产品为我国第一台样机，10余项获国家优质产品奖、20余项获省部级优质产品奖、近40余项获省级以上名牌产品称号。

多年来，公司逐步掌握了通指系统综合集成、综合监测测试、自适应多信道转接控制、系统级电磁兼容设计、特种试验仿真等关键核心技术。公司多型通信装备参加了庆祝反法西斯胜利70周年、新中国成立70周年阅兵活动，核生化综合检测车、移动基站等多型装备为奥运会、世博会、亚运会、G20峰会提供安保服务。

四、欣欣向荣的信息技术产业

近年来，公司通过紧紧抓住电力系统产业化、信息化“两化融合”“智慧城市”建设有利时机，大力拓展信息技术产业。公司坚持以市场为导向、以服务为主线、以解决方案为中心持续为客户创造价值，赢得了市场尊重和客户信任。业务从以电力行业为主，现已拓展至公安司法、教育、民政、企业平台、航天防务、互联网等领域，成为集通信装备、应用解决方案、系统集成和IT服务于一体的领先ICT综合服务提供商。同时，公司基于IPv6技术自主研发的IPv4/IPv6网间网协议交换平台、京域DDAI统一接入管理平台、京域职能运维平台、IPv6发展监测平台等相关产品已成功应用于各大央企和地方政府。

五、勇立潮头，创新驱动谋发展

得创新人才者得天下，人才是最宝贵的资源，在公司党委的坚强领导下，外引内培双管齐下，通过技术带头人建设，加快青年专家人才选拔培养，在公司及所属单位中随处可见人才的奋斗身姿，人才在科技创新发展中发挥了重要作用。

敢闯敢试开新局、埋头苦干抓创新。航天通信加大自主投入，牵引型号发展，通过创新技术应用，形成了重点领域的主打新产品，在激烈竞争的外贸产品中脱颖而出。

航天通信筑牢高质量发展的动能支撑。“十三五”期间，成立通信技术研究院，构建总体研发体系，为孵化资本运营合作项目及探索所有制改革创造条件。截至目前，累计有效专利数 686 件，有效发明专利 109 件，孵化落地内部双创项目 12 个，人才结构持续优化，领导人员队伍不断增强。

岁月荏苒，初心不变。航天通信党委充分发挥领导作用，坚决执行党的路线方针政策和上级党组织各项决策部署，把方向、管大局、保落实，“四个意识”更加牢固，“四个自信”更加坚定，党建基础不断夯实。

旗帜领航、聚力攻坚，凝聚起磅礴力量。新一代的航天通信人内心澎湃着最为可贵的创新力，正以昂扬之姿谱写宏伟蓝图。我们的发展路线图中，航天通信的目标是：贯彻落实集团公司“一四三五五”发展思路，以集团公司“一个目标三步走”战略目标为指引，聚焦主责主业，强化使命担当，全面实施“1+2+3+N”的发展战略，“1”是坚持以电子信息通信技术企业集团作为企业核心发展定位，“2”是紧抓产业增效和资产“资本”结构调整两条主线，“3”是聚焦信息通信、航天防务装备和特种车辆三大业务板块，“N”是不断培育新动能产业，民用产业以应急产业和智慧产业发展为主要目标，以协同发展和产业化发展构建新模式下的创新发展体系，逐步成为主业突出，产品竞争力强，拥有核心技术的现代化企业集团。

习近平总书记指出，“有梦想、有机会、有奋斗，一切美好的东西都能够创造出来”。百舸争流，奋楫者先。在打造一流征程上，航天通信必将鉴往知来、坚守底线、只争朝夕，乘时代之长风，共享新时代伟大荣光，奋力书写航天通信高质量发展的华彩篇章。

厚植红色基因血脉 铸就不朽发展之魂

航天晨光党委

中国航天科工航天晨光股份有限公司（以下简称“航天晨光”）虽然成立只有22年，但她继承和延续的责任与力量可追溯至150多年前的洋务运动。她从历史深处走来，在中国共产党的坚强领导下，红色基因厚植于血脉，铸就了不朽的发展之魂，她必将在全面建设社会主义现代化国家新征程中彰显磅礴力量。

一、“图强、救国”的民族精神

航天晨光的前身是于1865年成立的金陵机器制造局，由两江总督李鸿章创办。金陵机器制造局为我国制造出第一门克鲁森式架退炮，声名远扬。1883年，中法战争爆发，金陵机械制造局提供了大量的军事武器和炮弹，在此次战争中发挥了很大作用。金陵机器制造局的成立可以说是我国近代民族军事工业的起点，点燃了国人“图强，救国”的火种，东方沉睡的巨龙即将觉醒。

到了抗战时期，在金陵机器制造局基础上建立的金陵兵工厂，成为当时规模最大的兵工厂，是抗战时期中国工业的命脉，是军队抗战的坚强后盾，她为前线的将士提供了源源不断的杀敌武器，为抗战胜利提供了坚实有力的保障。

历经战火的洗礼，金陵机器制造局自成立以来，就和中国的前途命运同进退，民族危亡时期，她用自己坚强的意志，屹立于古都秦淮河畔，“图强，救国”和“救亡、不屈”的精神唤醒了一个古老民族自强不息的奋斗之魂。

二、“自力更生、艰苦奋斗”的创业精神

新中国成立后，第二野战军部队接管金陵机器制造局，更名华东军械总厂，1953 年与三〇七厂合并，组建南京晨光机器厂。1965 年 1 月，晨光机器厂由隶属第五机械工业部划归第七机械工业部，即后来的航天工业部。从此工厂结束了制造常规武器的历史，开始从事航天产品的研制生产，古老的金陵机器制造局翻开了历史上新的一页。航天晨光全体干部职工凭着非凡的毅力，铸就了“自力更生、艰苦奋斗”的精神标识。

改革开放以来，在党的领导下，航天晨光一直走在市场经济浪潮的前沿，并在 1985 年提出“两个率先”：率先实行“军转民”战略变革，由计划经济向市场经济转轨；率先在全国建设营销网络。航天晨光由此开启了自力更生、艰苦创业、搏击民用市场的辉煌历程。一批民用产品成为供不应求的畅销品，改装车凭借其独有的加注技术畅销大江南北，金属软管凭借过

硬的品质打遍国内无敌手。1994年年底，航天晨光成为全国100家现代企业制度试点单位，由此民用产业得到了快速发展，公司制的运行机制让航天晨光在市场经济的大潮中如鱼得水。1999年，航天晨光成为系统内首批股份制改制企业，由此航天晨光开始搏击资本市场。上市之后，资本给公司插上了腾飞的翅膀，更为公司产业结构调整、产业链优化提供了强劲动力。

自力更生、艰苦奋斗的创业精神，也为航天晨光实现高质量发展奠定了坚实的思想基础。航天晨光成立20多年来，产值由成立之初的3亿元发展到今天的将近40亿元，不断的突破折射出公司由小到大的铿锵步伐。公司党委持续发挥股份制企业的优势，有序融资，灵活机动，有进有退，推动公司的快速发展。这20多年来，航天晨光自我修复、自我提升，坚持按照三年规划，稳步推动公司不断迈上一个个新的台阶。然而发展并非一帆风顺，2018年公司首次亏损，公司党委带领全体职工冲锋陷阵、敢闯敢拼、快字当头、赢得主动、夺取先机，干出了“晨光加速度”。到2019年中，生产经营指标全线飘红，再到2020年底，经营业绩创历史最高水平，航天晨光又打了一场漂亮的翻身仗，再次向世人证明自力更生、艰苦奋斗是新时代航天晨光的鲜明特质。

三、“航天报国”的爱国精神

航天晨光矢志航天报国之初心，心怀“国之大者”而发展。一直以来，航天晨光重视在国家战略中找准定位、实现跨越发展。把党和国家的战略部署作为企业使命任务的着力点，把初心和使命融入企业发展全过程，用实际行动践行听党话、跟党走的政治自觉。

20 多年前，航天晨光满怀迎接香港回归祖国的一片深情，满怀党的信任与嘱托，承制了中央政府送给香港特别行政区的礼品——紫荆花雕塑。面对这一具有历史意义的政治工程，航天晨光全体干部职工尽显使命担当，以强烈的爱国主义情怀直面困难、满怀豪情，挥洒无数的汗水、攻克了无数难关，打造出了国粹精品。爱国主义是我们民族精神的核心，是中华民族团结奋斗、自强不息的精神纽带。如今，多个大国重器和重大工程中都有着航天晨光的印记：中国文昌航天发射场的地面加注系统，火箭发动机金属软管定点研制，西气东输管路系统，国际热核工程计划等，爱国主义情怀必将激荡出无限的精神力量，成为航天晨光在奋斗新征程中攻坚克难的制胜法宝。

四、“求实、创新”的时代精神

随着成型模具的缓缓升起，完美的曲面、流畅丝滑的过渡，航天晨光为国际热核聚变实验堆计划（international thermonuclear experimental reactor，ITER）托卡马克装置研制的世界上尺寸最大的多层矩形膨胀节完美无瑕地通过性能测试，历时两年半的艰苦探索终结硕果。正是以这种“挑战不可能、敢为天下先”的英雄魄力，航天晨光攻克了多道难关，使公司的发展保持无限活力。

自成立以来，航天晨光始终坚持把创新作为企业发展的根本依托。进入新时代，公司坚持把创新与产业发展相融合，加快创新体制的调整，形成了“探索、预研、产业化”的创新发展格局。公司积极与各科研院所加强对接，围绕打好数字化转型攻坚战，提升智能制造能力；成功完成“轻型高机动油料保障技术研究”等重点项目研发，持续保持领先技术优势，推进了公司后勤装备产业的发展；公司坚持高端装备“系统化、智能化、定制化”的发展思路，强化核电、核工装备应用技术的研究，其中，固体核废料智能压实打包装置等新产品成功填补国内空白，使公司在核工产业实现异军突起，支撑公司高质量发展。

回顾150多年的奋斗岁月，航天晨光与中华民族的伟大复兴共磨难、与党和新中国共成长、与改革开放同开拓、与新时代齐奋进。航天晨光所承载的红色基因一直传承和延续了下来。如今，航天晨光的故事仍在续写，历经一个半世纪，航天晨光依然宛如初升的太阳般蒸蒸日上，在实现航天梦和中国梦的新征程上谱写更加绚丽的崭新篇章。

抢占时代前沿　引领行业发展
深耕工业互联网

航天云网公司党委

时代选择了工业互联网。

航天云网科技发展有限责任公司（以下简称“航天云网”）响应时代，潮头而立，仰望星空、脚踏实地，始终以央企使命、央企担当，践行国家战略，致力探索创新，开辟了工业互联网领域的“无人地带”，走出了一条中国特色工业互联网发展道路，谱写了中国工业互联网事业开创史上的“传奇”。

短短六年，一个只有 10 余人的小团队发展成近 1300 名员工的公司，从 1 家子公司发展到拥有 18 家子公司，从仅有的专有云平台发展到拥有全国 22 个区域性平台、13 个行业性平台以及园区云和企业云……航天云网迅速发展壮大，作为全球首批、国内首个工业互联网平台，持续引领我国工业互联网行业的发展，致力创造用户价值，支撑政府治理能力提升，赋能产业转型升级，交出了一份亮眼的成绩单。

一、高瞻远瞩　超前布局

2015 年，中国航天科工集团有限公司（以下简称“航天科工集团”）依托完整的航天工业体系和新一代信息技术发展优势，倾力打造了以云制造为特色，跨行业跨领域的国家级工业互联网平台——航天云网平台 INDICS，面向全社会提供智能制造、协同制造、云制造服务，支撑以“制造与服务相结合，线上与线下相结合，创新与创业相结合”为内涵的新业态体系建设，向着“万网融合、万物互联，数据融通、泛在服务，企业有组织、资源无边界”的云联化阶段不断发展。自此，中国工业互联网发展的序章全面开启，航天云网凭借超前的战略能力、创新能力、市场能力和艰苦奋斗的精神屹立潮头，持续引领行业发展。

航天科工集团董事长袁洁在谈到航天云网诞生的背景时说：“我们深刻认识到信息化与实体经济融合发展是制造业转型升级的必由之路，我们不仅要加快推动企业自身的数字化转型，而且要发挥好央企的国家队作用，助力国家引领带动中小微企业发展。”可以说，航天云网的创立顺应了时代发展的潮流，也是央企履行使命责任，坚持创新驱动、谋求高质量发展的产物。航天科工集团当年提前布局走上工业互联网新型基础设施的建设之路，谋划超前又长远。

年轻的航天云网焕发着初生婴孩般的蓬勃朝气。2015 年 12 月，航天云网国际云英语版上线，航天云网正式进军国际市场。2016 年，航天云网公司当选工业互联网产业联盟技术标准组组长单位。2017 年，航天云网更是借助航天科工集团双创活动的契机，驶向快速发展的赛道。同年 4 月，国务院总理李克强视察航天科工雍和航星科技园，点赞航天云网；7 月，在中国国家主席习近平和德国总理默克尔的见证下，航天科工集团与德国西门子签署工业互联网与智能制造领域的战略合作协议。2018年4月，航天云网公司牵头提出的《智能制造服务平台 制造资源/能力接入集成要求》标准提案高票通过，成为国际上首个面向智能制造服务平台的标准规范。2018年《人民日报》刊发改革开放40年的“40个第一”系列文章《第一个工业互联网——航天云网奏响发展强音》，对航天云网予以充分肯定。

二、平台为基 汇聚生态

继2017年面向全球发布INDICS工业互联网公共服务平台，2018年发布CMSS云制造支持系统等航天云网核心架构及多款产品，2019年正式启动中央企业工业互联网融通平台、发布航天云网系统级工业应用，2020年发布新基建平台战略，致力构建基于INDICS+CMSS工业互联网公共服务平台的新型基础设施以来，2021年，航天云网又重磅发布工业互联网平台INDICS 2.0创新成果，推动工业互联网迈入新时代，助力产业链现代化与工业高质量发展。

探究这背后的发展逻辑，一方面是平台建设不断完善，从平台建设向平台运营的转变；另一方面则是始终将用户放在第一位的核心价值观念，从“我有什么”向“你需要什么”的转变。工业互联网INDICS平台提供了工业大数据、人工智能、区块链等技术；云制造支持系统CMSS进一步落实到设备级、产线级、车间级、企业级的应用层面；“一脑一舱两室两站一淘金”系统级应用从使用场景出发，为不同角色的用户设计了不同的功能。

航天云网党委书记、董事长於亮认为，走在时代发展前沿，始终把用户放在第一位是航天云网发展的要义。“为用户创造价值就是航天云网的价值。航天云网致力推动数字化、智能化、云化，就是赋能制造业企业转型升级。”

发展工业互联网，平台搭建好，下一步就是企业上云。制造业作为实体产业，在我国绝大部分企业不具备智能制造能力的当时，要让每一台设备实实在在具备上云能力，进行数字化改造，绝非易事。航天科工集团决定从内部做起，进行哑岗位、哑设备、哑企业的“三哑”改造，并逐渐向社会企业推广。同时期，航天云网开始在全国多个城市落地扎根，以“线上有本地化平台、线下有本地化服务、对接地方政府及本地企业”为原则，着力打造云制造产业集群生态。

通过不断实践，航天云网打造的“一横多纵”“五星上云”的“常州模式”、工业互联网与实体经济融合发展的“贵州模式”、汇集海量数据资源的四川省园区“产业大脑”、融合5G+工业互联网+数字孪生技术的企业数字化转型解决方案等均取得积极成效，树立了良好的用户口碑。航天云网已摸索出了“大企业集成创新+中小企业应用普及”的服务模式，为用户提供“点餐+自助餐”的多种选择。

截至目前，航天云网INDICS平台已接入覆盖航空航天、设备制造等行业80余万台工业设备，汇聚工业APP数千个；为22个省市地区建设了区域工业互联网平台，为全国用户提供了

2000 余个智能化项目及服务。据统计，相关企业客户普遍缩减研发设计周期 30%～45%，生产效率提高 25%～60%，成本降低 10%～30%，用工减少 30%～60%。

基于此，航天云网坚持全产业链布局，探索形成平台产品与服务、智能制造、工业大数据、网信安全四大产业发展方向，并培育形成产教融合等新经济增长点，构建了先进的平台生态系统，形成了安全可控的产品体系，具有雄厚的基于工业互联网的云制造实施能力、工业大数据平台应用能力，确立了国家工业互联网行业领航者地位。

三、抢抓机遇　快速发展

2019 年，航天科工集团启动中央企业工业互联网融通平台并发布航天云网系统级工业应用，致力通过央企资源融通、应用融通、数据融通，实现资源共享、能力协同与服务、工业数据价值创造。

2020 年，疫情肆虐，航天云网发挥央企融通平台作用，联合中国石化、国机集团等单位，基于工业互联网平台技术优势迅速上线抗疫专区助力企业复工复产及疫情防控。同时，航天云网联合东华大学、中国产业用纺织品协会、中国纺织行业工业互联网联盟等单位，推出防疫专区的“医疗卫生用纺织品防疫物资工业互联网应用服务平台”，有效解决了一批“缺材料、缺设备、缺专家、产能低”的问题，凸显了工业互联网在未来经济体系中的价值潜力。

而今，面对新冠疫情给我国产业链供应链稳定运行带来的挑战以及后疫情时期经济全球化遭遇逆流等变局，航天云网也在思考，如何进一步发挥工业互联网对于实体经济的促进作用，并在构建以国内大循环为主体、国内国际双循环相互促进的新发展格局中实现数字经济与实体经济的融合创新发展。

航天云网公司相关负责人表示，在新形势下，航天云网正在与工信部合作，进行产业链的断点、堵点分析，助力供应链体系整合、重构；配合国资委进行产业链分析，充分发挥央企和国企的产业链带动作用，优化组织生产；与国防科工局合作打造联动保供系统，面对疫情或者应急状态，实现提前预判，快速组织生产。

经过几年的探索实践，工业互联网已得到越来越多的企业和政府的认可和接受，工业互联网对构建新发展格局、促进社会经济高质量发展的重要支撑作用逐步显现。2021 年《政府工作报告》明确提出，要“发展工业互联网，搭建更多共性技术研发平台，提升中小微企业创新能力与专业化水平”。

而与迫切需求相对的，则是工业互联网对跨行业跨领域，既懂 IT 更懂 OT，不仅会技术还要能运营的复合型人才的缺乏。航天云网自 2019 年开始，重点布局产教融合产业，2020 年 3 月正式获批工信部的工业互联网人才评价机构，如今，航天云网推出了工信部的紧缺人才认证，面向工业 4.0 培育人才。

不管是培育人才，还是迎战新挑战，航天云网都有着足够的实力和底气。航天云网连续两年入选国家级“跨行业跨领域”工业互联网平台，2020 年综合排名跃居第二位；入选国企改革

"双百企业"；完成目前国内工业互联网行业最大规模单笔融资；拥有工业大数据应用技术国家工程实验室；在呼和浩特、常州等建成多地数据中心，可以提供安全可靠的云资源服务；拥有四川省工业云制造创新中心、重庆市工业大数据创新中心、贵州省工业信息安全创新中心等3个省级创新中心，目前正在积极申报国家级创新中心。航天云网累计获得专利授权191项，发布98项标准，其中参与制定国家标准14项，《智能制造服务平台　制造资源/能力接入集成要求》成为全球首个面向智能制造服务平台的国际标准；取得互联网数据中心许可证/互联网接入服务许可证（IDC/ISP）等各类关键行业资质80项；包揽第二届中国工业互联网大赛两个组别的冠军等。

四、党建统领　固本强基

坚持党的领导、加强党的建设，是我国国有企业的光荣传统，是国有企业的"根"和"魂"。六年来，航天云网公司党委始终把党的政治建设摆在首位，坚持用党的创新理论铸魂育人，坚持两个"一以贯之"，严格落实党建进章程、党组织决策重大问题前置程序等工作要求，把党的领导有机融入公司治理，促进党建与中心工作深度融合，切实把党建优势转化为推动企业发展的内生动力。

公司党委充分发挥党委领导作用，把方向、管大局、促落实，始终秉承"信息互通、资源共享、能力协同、开放合作、互利共赢"的发展理念，抓住"云产业"爆发式成长机遇，紧盯目标、紧盯发展，内强能力、外拓市场，以服务政府数字化治理、赋能企业数字化转型为主线，为数字化社会建设提供新型基础设施应用服务。

公司党委立足新时代，积极探索混合所有制工业互联网企业发展规律，坚持稳中求进，坚持守正创新，弘扬正能量，唱响意识形态主旋律。以党史学习教育、“不忘初心、牢记使命”“两学一做”“三严三实”等党内集中教育活动为契机，全面实施“思想引领”“舆论引领”“凝心聚力”三大工程，引导广大党员干部职工赓续共产党人精神血脉，传承伟大建党精神，凝聚企业高质量发展磅礴力量。

公司党委狠抓人才队伍建设，形成了一支遍布全国的近20个分支机构、近1300人的优秀人才队伍，他们奋战在管理、科研、市场、服务第一线，以智慧和汗水，践行着航天云网的理想和信念。在全体员工的共同努力下，航天云网营业收入、利润总额等主要经济指标实现持续快速增长，市场规模不断扩大，技术实力不断增强，基础管理日益规范，为进一步实现高质量快速发展，建设世界一流工业互联网平台公司奠定了坚实的基础。

新时代、新格局、新征程，不忘初心，方得始终。

於亮表示，航天云网将牢记使命，扛起国家工业互联网领航者责任，锚定“建设世界一流工业互联网平台公司”战略目标，抢抓新机遇，开启新征程，充分发挥工业互联网在双循环新格局中的新型基础设施作用，服务政府治理能力提升，赋能企业转型升级，引领行业健康发展，努力为促进经济社会高质量发展提供支撑，为第二个百年奋斗目标全面实现贡献力量。

转型升级融合发展　担当使命再创佳绩

航天发展党委

航天工业发展股份有限公司（以下简称“航天发展”）从成立之初，就在融合发展的道路上实践摸索。在集团公司党组的坚强领导下，抓住以国防现代化建设、新基建等为代表的重大战略机遇，坚持创新驱动、质量致胜、人才强企和数字化转型发展战略，充分释放混合所有制上市公司活力，锚定打造“世界一流航天防务电子信息科技公司”目标奋勇前进！

一、新平台，为高质量发展埋下伏笔

六年来，作为军工央企控股的混合所有制上市公司，航天发展坚定秉持集团公司赋予的“新产业、新领域的拓展平台，社会化资源的组织平台”的企业定位，以“创新+资本+市场”为手段，致力于服务国家战略、国防建设、国计民生，不断提升公司价值和实现全体股东利益，产业结构持续优化，经济运行量质并进。

如果用一个字概括航天发展的特点，可称作“新”。不论是从产业视角、企业视角还是创新本身的视角看，航天发展体制新、机制新，注定了航天发展开辟新路径、布局新产业、发展新技术、落地新项目，实现高质量新发展。实践出一条复合成长的道路，迈向中高端价值链，成为国企混改的“排头兵”，为建设现代新经济体系贡献力量；成为军用民用产业协同发展的“排头兵”，履行强军首责。

六年来，航天发展紧扣“平台”定位，“以战略为导向，公司治理与党建工作齐抓，市场化运营与规范化管理并重，文化导入、以人为本，通过战略牵引促进公司管理融合和快速发展”。公司充分发挥上市公司平台优势，瞄准国家重大战略需求和未来产业发展制高点，以资产结构调整为“加速器”，吐故纳新，加快新领域产业布局。快速切入战略性新兴产业关键环节，不断完善信息技术产业链条，培育发展新动能。同时积极落实国家“三去一降一补”，纾解退出非核心竞争能力产业板块，剥离了与核心业务关联不大的投资性资产。

二、新技术，实现产业结构优化

六年来，航天发展凭借新技术赋能产业结构调整，使其前身为国有企业福州发电设备厂的民营上市公司“闽福发”，借政策之东风焕发出新的生机。航天发展聚焦主责主业，以电子信息科技作为主要发展方向，着力推动数字蓝军与蓝军装备、5G通信与指控装备、网络空间安全和微系统等为代表的四大产业集群建设，核心竞争力持续增强，行业地位显著提升，取得了良好的经济效益与社会效益。其中，蓝军装备实现了平台化发展，成为靶船总体研制单位。历经全军机动通信装备事业发展全过程，确定了在战术通信装备领域国内优势地位。牵头成立“公安领域大数据与网络安全产业生态联盟”，奠定了公司在网络空间安全领域中的领先地位。形成了微系统一体化设计集成能力，成为国内技术领先的微系统设计、集成、制造中心。

六年来，航天发展主业集中度达到 99%军用产业累计实现营业收入 101.79 亿元，期间年均增长达 18.2%；民用产业累计实现营业收入 62.04 亿元，年均增长达 27.81%。军用产业收入占营业收入比重始终保持在 50%以上。围绕主责主业，通过吐故纳新，完成了 9 家企业的收（并）购和新设，剥离了 11 家与主营业务关联度不高及低效、负效企业，进一步提升了资产质量和盈利能力，进一步增强了竞争实力和抗风险能力。

三、强党建，引领高质量发展

六年来，航天发展始终坚持党总揽全局、协调各方。公司高度尊重各子公司原有人事制度和政策，在确保不触碰纪律“红线”的基础上，保持其一致性和稳定性，确保高层管理人员、技术人才和技能人才不发生重大流失。依法依规完成了原神州学人总部人员安置工作，对各子公司董事会、监事会成员进行适度调整，促进原有人员与新进人员的交流融合。坚持人才强企战略，逐渐成为各类人才汇聚和成长的乐土。公司管理人员、专业技术人员、技能人员比例不断优化，专业技术人员素质不断提升。坚持高端引领，高层次人才取得突破性进展。现拥有国家级人才奖项获得者3人，国家中青年科技创新领军人才1人；省部级人才奖项获得者十余人，各级青年科技人才共计73人；入选国家“万人计划”2人，获中国航天基金奖7人。

六年来，航天发展党委把落实全国国有企业党的建设工作会议精神贯穿到加强并购企业管理的全过程。航天发展成立之初，党建工作基础薄弱。针对90%的党务工作者既是党务工作新兵，又是航天事业新兵的情况，航天发展党委强化服务意识，把党务岗位作为培养复合型人才的重要平台。航天发展全级次公司将党建工作要求写入章程，实现“应进必进”。把党委会研究讨论作为董事会、经理层决策重大事项的前置程序，修订“三重一大”决策制度，实现两级党委（党组织）“三重一大”事项参与决策率100%，健全完善了与公司法人治理结构相适应的党建工作体制机制。坚持“四同步”“四对接”，进一步理顺京外党组织管理，调整、新设、撤销4个党组织，确保异地并购企业党组织全覆盖；具备条件的6家子公司全部实现党委（党总支）书记、董事长由一人担任。

四、新成绩，为“十四五”开启新篇章

六年来，航天发展按照集团公司赋予的“新产业、新领域的拓展平台，社会化资源的组织平台”定位，锚定建成“世界一流航天防务电子信息科技公司”的战略目标，充分释放混

合所有制上市公司活力。面对突如其来的疫情，航天发展党委坚决听党指挥，弘扬伟大抗疫精神，全力打赢疫情防控人民战争、总体战、阻击战和科研生产经营攻坚战。有效落实防控措施，确保全员零感染。发挥智慧医疗、数据安全、公安大数据等技术优势，有力支持一线抗疫，航天开元科技有限公司、航天壹进制（南京）数据科技有限公司入选工信部首批疫情防控重点保障企业；1 个集体、2 名个人获得集团公司疫情防控工作表彰。切实履行社会责任，向湖北省孝感市捐赠 100 万元。

六年来，航天发展质效双双稳步提升。公司营业收入年均增长 22.23%；利润总额年均增长 31.32%；国有资本保值增值率保持在 110%左右；2020 年实现营业收入 44.36 亿元，较成立之初提高四倍以上；利润总额 9.56 亿元，提高三倍以上，每股净利 0.5 元，提高一倍以上。2016 年至 2020 年连续五年在集团公司经营业绩考核中获得优秀，2016 年获评第十届中国上市公司价值评选“中国主板上市公司价值百强”；2018 年被评为“改革开放 40 年创新力企业”，实现了企业全方位高质量发展。

五、新蓝图，打造世界一流航天防务电子信息科技公司

“十四五”期间，航天发展将紧密围绕集团公司转型升级总体战略部署，以电子信息科技作为公司的主要发展方向，朝着

打造世界一流航天防务电子信息科技公司阔步前行。

凝心聚力，贯彻新发展理念。聚焦主业、统筹资源，努力打造四大产业集群，有效提升规模效应及协同优势，提升企业核心竞争力。加大新型基础设施建设，提升产业数字化发展水平和价值创造能力，着力建设数字化、智能化的混合所有制上市公司。着力防范化解重大风险，保持健康高速发展；高度关注“两金”“现金流”，强化对经营质量偏低企业的化解风险措施的执行，抵御风险、防患未然。

强化协同，争当产业链“链长”。推动数字蓝军与蓝军装备产业集群建设，打造蓝军装备研究院并设立总体部，铸就国内电子蓝军第一品牌。推动5G通信与指控装备产业集群建设，打造一个省部级创新平台，培育5G与指控通信国内领军企业。推动网络空间安全产业集群建设，打造网络空间安全国家队。推动微系统产业集群建设，成为国内科技创新、成果转化排头兵，打造微系统技术国际创新高地。

历史的车轮滚滚向前！站在第二个百年奋斗目标新的历史起点上，航天发展坚持用习近平新时代中国特色社会主义思想武装头脑、指导实践、推动工作，按照集团公司党组的统一部署，大力弘扬伟大建党精神和航天精神，砥砺奋进、攻坚克难，努力建设世界一流航天防务电子信息科技公司，为支撑建设世界一流航天防务集团公司、全面建成社会主义现代化强国、实现中华民族伟大复兴的中国梦不懈奋斗！

创新引领发展
航天宏华一直在路上

陈慧慧

二十四年，在时间的长河里只弹指一挥，但是对于企业成长却足够施展。

中国首台 DBS 钻机、中国首次成套钻机出口海外市场、世界首创页岩气开发绿色高效整体解决方案、世界首创 6000 马力中压变频电动压裂系统、世界首个全直驱的万米陆地科探钻机“地壳一号”实现亚洲首次地下 7018 米完钻井深、世界首套 9000 米海洋人工岛钻机、世界首创海上平台式 LNG 液化工厂（PLNG）……从中国首次到世界首次，科技创新引领航天宏华将一个又一个梦想变成了现实，将一个又一个不可能变成了可能，中国油气装备尖端技术不断走向世界、影响世界。

一、攻克数控变频制高点 助推世界钻机升级换代

1997 年，川油广汉宏华有限公司（以下简称“宏华”）成立，宏华从一家集体企业成功改制为股份制。

21 世纪初，中国成套装备和高新技术产品出口，在全球市场崭露头角，宏华生逢其时，但要做中国成套能源装备出口的先行者，注定不易。

11 人、80 万元，这是宏华刚成立时的家底。对于一个重装企业来说，这就是“一穷二白”。搏击市场凭什么？赢得未来靠什么？

“科学技术就是第一生产力”，“发展才是硬道理”。邓小平的这两句名言，给宏华指引了方向。

当时中国石油钻机还没有数字化概念，钻井作业主力军，还是 20 世纪 70 年代进口的 F320 系列钻机，无法满足国家“九五”“十五”油气勘探开发对钻井装备的要求。

1998 年，宏华创始人、航天宏华总裁张弭带领宏华研发团队，不断创新，将 F320 钻机全面升级改造为性能更为优良的 ZJ70LC 钻机，一举成为中国超深井钻机主力机型。

但是宏华并不满足于此，随后，宏华提出自主研发数控变频电动钻机，在当时，不少业内人士认为“想法天真”。面对质疑，宏华人选择埋头苦干。终于，经过艰难技术攻关，2002 年，由宏华设计、制造和成套的数控变频电动石油钻机 ZJ40DBS，通过了国家级科技成果鉴定，被认定为“总体性能达到国际 90 年代后期的先进水平”。

业界震惊！宏华制造的 DBS 钻机，推动了中国石油钻机进入数控变频时代，赶上世界先进步伐！随后，宏华一举出口 10 台 50DBS 钻机到乌兹别克斯坦。

创新，让多个“首创”接踵而至——中国首次成套钻机出口海外市场、中国首次成套钻机批量打入美国市场、中国首次成套钻机大量出口俄罗斯、中国首套海洋深水钻井船钻井包、中国首台“地壳一号”万米钻机、中国首台极地钻机成功在北极开钻……

宏华，成了率先“走出去”的弄潮儿，不断推动中国能源装备制造产业升级，引领着越来越多的中国企业将产品销往世界各地。

二、推动中国页岩气革命　引领世界最先进水平

如果说初创的宏华用 DBS 技术推动中国钻机赶上了世界，那么阔步走向世界的宏华，则再用另外一项“颠覆性创造”，引领世界。

当今，世界能源正加速向低碳化、无碳化转型，非常规天然气开发中，最为成熟的是页岩气，但传统的页岩气开采动力来自高污染的柴油，如何低污染绿色开采页岩气成为业界关注的焦点。

2005 年，美国页岩气开采作业爆发式增长。宏华 DBS 钻机一度占据了美国所有使用钻机的 10%~15%。

对行业保持敏锐的宏华，首次提出了页岩气开发整体解决方案及配套设备。2009 年，宏华组建了 20 多人的专家团队，借鉴美国页岩气开发经验，针对中国页岩气的特点，开始了新的研究。

研究直奔关键核心——压裂泵，而且要用电动机完全取代柴油机，用数控变频取代机械液力驱动，实现页岩气高效环保开采。

颠覆性的概念带来的是技术革命。

宏华全球首创6000马力电动压裂系统。6000马力压裂泵是目前全球单台最大功率的压裂泵，也是全球首个数控变频电驱动的压裂泵。8台至少等同20台传统压裂车。宏华页岩气整体解决方案能将固定资产投资降低30%以上，井场占地面积减少30%~50%，燃料成本减少40%以上，操作人员减少一半。

2012年，油气行业最大的展会——美国国际海洋石油技术展览会（OTC）上，宏华率先发布以“网络先行、以电打气、气电结合、流水式作业、工厂化生产”为核心理念的宏华页岩气开发整体解决方案及配套设备，引发行业关注。

经过多年规模化商业应用，宏华全电驱压裂泵核心技术早已成熟，已经实现完全自主知识产权，获得20项发明专利。全球各大服务公司、油公司都认可了电驱理念，有的已经在推电驱压裂，有的正在准备推广电驱压裂。

随着宏华造电动混砂车、电动混配撬、电驱连续管、柔性水罐、智能指挥控制中心、远程专家系统等一整套电驱压裂设备投入使用，中国页岩气开采效率，从时速30迈的“乡村路”，走上了时速100迈的“高速路”。

目前已经有上百台600HP电动压裂泵用于页岩气等非常规油气开采，宏华页岩气开发整体解决方案及配套设备，正有力推动中国页岩气革命，引领世界最先进水平。

三、创新体制机制搭建平台“二次创业”逐梦未来

从“改造和设计新型泥浆泵”，到“以超越和引领世界的水平，弘扬令全球尊重的中华品牌”，宏华一直走在创新路上。

不只是专业技术创新，通过创新公司体制机制，宏华将按劳分配与按资分配相结合，让核心骨干持有股份，员工们有希望，有干劲。吕兰，四川宏华副总经理，从实习生到享受国务院政府特殊津贴，她的梦在宏华得到了实现；车明者，宏华电气副总经理，从最基层技术员到公司副总，他的努力有了回报……

2017 年 6 月 16 日，在成立 20 周年之际，宏华正式成为航天科工下属二级单位，更名航天宏华。

二次创业的航天宏华肩负更大责任——融入集团公司“一主两翼”产业布局，打造能源装备制造的龙头企业、装备制造的核心单位之一、国际化经营的核心单位之一和境外投融资平台。

新征程新使命，航天宏华的发展与国家的能源安全紧密相连。航天宏华作为集团公司内聚焦能源领域的牵头单位，积极组织相关兄弟单位，先后完成了能源装备协同发展专项规划、能源产业+互联网专项规划两大纲要性规划文件，为聚力发展大产业奠定了重要基础。

打造世界一流、国内领先的能源开发综合解决方案供应商

——又是一个“宏伟而华丽”的梦想，对于一直追梦创新创造之路的宏华而言，意义非凡。

通过四年艰苦的努力，航天宏华得到了长足发展：集团公司下达的各项重点工作任务得到有效落实，企业生产经营状况得到显著改善，财务基础管理水平大幅提升，法制基础建设水平充分强化，党建工作宣传活动规范开展，企业经营情况逐步转好，为航天宏华在“十四五”期间大展身手打下良好基础。

2021 年，在中国共产党成立 100 周年、中国航天创建 65 周年之际，航天宏华精心谋划“十四五”宏图，持续创新，不断奋斗，为建设世界一流、国内领先的能源开发综合解决方案供应商更进一步，以高水平的装备制造和服务能力为中国共产党实现第二个百年奋斗目标贡献航天力量。

心有所信，定能远行，航天宏华，创新在路上。

不忘初心跟党走 接续奋斗航天梦 奋力在中原大地上擎起航天的大旗

河南航天党委

河南，这片因黄河而命名的古老土地，伴随着华夏民族五千年的漫长岁月，孕育了嫦娥奔月等一系列人类对太空的幻想传说。神秘的太空，成为中原文化难以割舍的重要组成部分。

20 世纪 60 年代末，一批从祖国四面八方抽调的航天青年，毅然离开原来工作生活的地方，来到偏僻荒凉的豫南平原，开始了一段轰轰烈烈的“五七”干校岁月。也正是原七机部一院、二院“五七”干校的成立，在广袤的中原大地上播下了航天的种子。

一、忆当年 难忘干校旧岁月

1969 年，国家为筹建“五七”干校，倾注了大量人力、物力、财力。豫南大地物资相对丰饶，国家对“五七”干校建设的配套也较为完善。

原七机部一院、二院“五七”干校就如同一个小社会，拥有学校、医院、面粉厂、电影院、养殖场、榨油厂、工业连、农业连等架构，基本实现了工、农、林、牧、副的全面发展。但在当年的经济条件下，做到自给自足让那么多人能吃饱饭，也是相当困难。很多从北京来的年轻人也跟着下地劳动，天天干完活后蹲在田间地头吃杂粮饭、啃红薯干，成为许多当年干校学员的独特记忆，而这里面就有未来东风导弹的奠基人梁思礼院士，知名主持人倪萍的身影。

1979年“五七”干校停办后，绝大多数人选择回到城市，也有部分人留下来安家落户。留下的人们就利用原有的土地、设备组建了农工联合生产基地。随着改革的春风吹进家园，市场经济的不断发展及主辅分离、做大做强精神的指引，在航天部的支持下，原一院干校的农机修理车间扩建成立了国营693厂，原二院干校在机械修理车间的基础上成立了国营695厂。经过一代人的努力，航天的种子逐渐在中原大地上扎根、发芽。

二、图变革 创业艰辛谋生存

1984年8月，河南省人民政府正式下文，宣告航天工业部河南管理局的成立。1999年5月，注册成立河南航天工业总公司，按照中国航天工业总公司要求，接管了在豫的航天单位，并以一个机构两块牌子的形式运行，正式开始了实体化发展之路。

成立之初，河南航天所属的四个单位中，有两个起源于驻马店、平顶山的三所“五七”干校，基础薄弱、资金短缺、历史遗留问题多，且各单位产业之间差异较大，行业性质横跨了

一、二、三产业，整个河南没有一个龙头产品，部分企业的生存和职工的基本生活都面临困境。“野孩子”的身份和技术上的先天不足，使“亏损”成为这些单位的主要特征。河南航天工业总公司困难重重、百废待兴。

“最大的感受是诧异——没想到集团公司里竟然还有这么困难的单位。虽然之前听说过集团内部‘三难’之一的河南总公司，但到来之后，还是和想象中差距很大，除了经济上的穷，还有思想、管理上的‘贫困’”。时任河南航天工业总公司领导对当时的河南航天留下如此的评价，也恰恰体现出起步时的艰辛。

实体化运行之初，中国航天工业总公司一次性给河南航天工业总公司拨付了 1000 万元。但是，这 1000 万元也意味着要彻底“断奶”。危机感空前袭来，自尊心受到重创。“拼命干总比等死强”这句悲壮的口号，成了那时所有河南航天人的共识。

这一时期，河南总公司敢于开拓创新，勇于担当，迎来了发展的机遇期，开始在中原大地上拼搏崛起。除了给军队及航天产品提供紧固件、压力阀门元件、特种车辆外，河南航天将市场拓展到航空、船舶等国内外多个领域，初步奠定了河南航天在中国航天领域的重要地位，为河南航天事业的稳定及日后发展储备了能量。

一波未平，一波来袭。为打造一流的航天防务公司，集团公司在坚持“大防务、大安全、大融合、大发展”的理念，提出“推进二次创业，谋求跨越发展”的重大战略举措背景下，决定对集团内部的紧固件、建筑业和轻型专用车等行业相关资源进行跨地区、跨单位专业化整合，将河南总公司所属694厂整合至航天精工，将特车公司整合至航天汽车，实施航建公司改制并引入中国航天建设集团有限公司为新股东行使大股东权利，仅保留695厂和豫南基地两家单位，将近90%的利润企业全部无偿划转。面对困境，河南总公司党委坚决贯彻集团公司的战略部署，顾全大局，壮士断腕，全力配合行业整合工作，再次站在了转型升级发展的新起点。

三、守初心 凝心聚力再起航

进入“十三五”以来，在集团公司党组的坚强领导和大力支持下，河南航天党委坚持稳中求进的工作总基调，迎难而上、开拓进取，立足科研生产经营管理主战场，全级次、全方位、系统化、体系化、日常化加强党的建设，党组织在公司治理中发挥作用的体制机制持续健全，党建工作赋能科研生产经营成效不断显现，团结带领各级党组织和广大党员干部职工圆满完成各项改革发展任务，重大项目、重大工程技术攻关取得重大进展，科技创新成果丰硕，经济运行质量效益稳步提升，盈利能力和价值创造能力不断增强。

2016年至今，河南航天重点加强智能制造、新工艺等核心与基础技术研究和应用以及包含高新液压气动产品在内的智能、高端工业基础件颠覆性创新项目，主要进行了聚四氟乙烯软管组件、空间站配套特种阀、超高温阀、二维技术系统泵阀、高温齿轮泵、长寿命离心泵、轻量化齿轮泵、组合泵等150余项科研项目的研究与开发，并实现了科研项目成果推广，逐步形成多项技术优势。截至 2020 年底，河南航天共取得 20 余项资质和认证，累计获得有效专利申请达 152 项，其中发明专利 40 项。承担的 10 项国资委央企某工程攻关任务以及 3 项某工程军用基础机电产品科研项目均按期推进，其中平衡阀项目突破了降噪结构设计关键技术，大排量高压液压泵项目突破抗气蚀性能优化关键技术，达到国内先进水平。积极搭建各类创新平台，挂牌成立了智能工业基础技术研究院，同时发挥集团公司液压气动产业研发中心创新作用，与中航 014 中心、614 所、一飞院、航发 331 厂等企业沟通对接项目 20 项，有效推动了创新工作和成果转化。“十三五”期间，河南航天先后获得某工程突出贡献奖、中国人民解放军总装备部“军队科技进步三等奖”“中国机械工业科学技术发明奖一等奖”“河南省国防工业技术进步二等奖”等荣誉奖项。

积极承担国家重点型号和重大工程配套任务，以液压气动技术领域“专精特新”为主攻方向，为国家航空、航天、航发、船舶、电子等领域的新型导弹、火箭和飞机研制大量高端泵、阀、特种管路、管路连接件、高端结构件及液压气动系统集成设备，承担了科技部、国家重点研发计划、军委科技委国防创新特区、空装“十三五”预研究、国家国防科工局军品配套科研、河南省国防科工局关键核心技术“卡脖子”攻关、郑州市重大科技专项等科研项目。大力推进智能化改造和智能生产检测线建设，申报的“航空航天液压气动产品柔性制造与智能化管控能力”项目成功入选国家工业和信息化部 2021 年新一代信息技术与制造业融合发展试点示范名单。参与了载人航天工程、空间站工程、探月工程等多个国家重大宇航发射任务的关键产品配套任务，参与海南文昌火箭发射基地建设，为我国载人航天工程做出了突出贡献，多次收到军方的感谢信，以实际行动践行航天报国使命，获批2021年度河南省“专精特新”企业，河南省制造业头雁企业，河南省技术创新示范企业称号，在开启建设世界一流液压气动技术专业化公司新征程上迈出坚实步伐。

四、展未来 坚定不移谱新篇

百年华章铸辉煌，扬帆奋进正当时。百年来，共产党人以敢闯敢干的勇气和自我革新的担当，闯出了一条新路、好路，实现了从“赶上新时代”到“引领时代”的伟大跨越。党领导和开创了中国航天事业，为航天事业根植了姓党为党的红色基因，而坚持党的领导、加强党的建设，是中国航天事业的光荣传统、独特优势、力量所在。在两个一百年历史交汇、两个大局深度交织、两个五年接力交棒的关键时期，河南航天的赶考之路再次开启。“撸起袖子加油干”就是发展航天事业的发令枪，“一张蓝图绘到底”就是建设航天强国的动员令。

集团公司“十四五”发展总体规划及产业布局，为河南航天发展指明了新方向。随着新一轮技术革命和产业变革的持续，特别是泵、阀、管、缸等基础机电在科研、生产、检测、产业发展等环节关键核心技术的自主可控及产品的转型升级，是实现企业高质量发展的核心。党的十九大提出要建设“科技强国、质量强国、航天强国”，要大力转变经济发展方式、优化经济结构、转换增长动力，加强基础机电产品自主可控能力建设。河南航天作为集团公司内液压气动元器件主要科研生产单位，将坚决贯彻落实国家和集团公司发展核心基础产品的新要求，聚焦液压气动主业，统筹结合泵管阀缸产业发展方向，精准聚焦核心技术攻关，加快推进内部优势产业孵化，充分融入集团公司工业基础件产业集群发展，全力打造世界一流液压气动专业化公司，为集团公司建设世界一流航天防务集团公司提供强力支撑。

30 多年的风雨历程坎坷而艰辛，河南航天由亏空到盈利，再到取得辉煌的发展，每一步都走得异常艰难。但是，河南航天人跨出去的每一步都是脚踏实地，这里面凝集着几代航天人的辛勤和汗水。河南航天的昨天，可谓是“雄关漫道真如铁”。河南航天的未来，可谓是“人间正道是沧桑”。当年航天部在中原大地上播撒的种子如今已茁壮成长，今日的河南航天正以崭新的面貌和昂然的斗志屹立于中原大地上，并将继续用“自强不息，拼搏进取”的精神谱写高质量发展新篇章。

站在朝着第二个百年奋斗目标进军的新起点，在新思想、新蓝图的指引下，河南航天将高举习近平新时代中国特色社会主义思想伟大旗帜，坚定沿着习近平总书记指引的方向，增强“四个意识”、坚定“四个自信”、做到“两个维护”，牢记“国之大者”。在集团公司党组的正确领导下，扛起科技强军、航天报国的神圣使命，聚焦主责主业，履行强军首责，为提升国家战略军事能力提供坚实物质技术支撑。以高度的使命感、责任感、紧迫感，打造液压气动技术领域原创技术“策源地”，助推我国液压气动领域高水平科技自立自强，突破国外核心技术“卡脖子”瓶颈，实现关键核心产品的自主可控，锚定建设世界一流液压气动技术专业化公司的战略目标，奋力在中原大地上擎起航天的大旗，为航天科工加快建设世界一流航天防务集团公司，支撑世界一流军队建设贡献力量，为早日实现航天梦、强军梦、中国梦作出新的更大贡献！

履行强军首责
建设高端紧固件世界一流企业

——航天精工股份有限公司改革创新发展纪实

航天精工党委

习近平总书记在党的十九大报告中指出，中华民族伟大复兴，绝不是轻轻松松、敲锣打鼓就能实现的，全党必须准备付出更为艰巨、更为艰苦的努力。干惊天动地事，做隐姓埋名人，践行“科技强军、航天报国”使命，是航天人的责任和担当。百年奋斗征程，每个航天人都是航天梦、中国梦的追梦人，我们抒写了一首首攻坚克难、砥砺奋进的拼搏之歌。

为推进紧固件专业化、产业化发展，2011 年，在原贵州 3536 厂和原河南 694 厂两家紧固件制造企业基础上，经整合重组成立了航天精工股份有限公司（以下简称“航天精工”）。作为国内航空航天高端紧固件领军企业，航天精工以建设高端紧固件世界一流企业为目标、以打造中国武器装备紧固连接原创技术“策源地”为己任，党员干部职工逢山开路、遇水架桥，脚踏实地加油干，为推动航天强国、科技强国建设作出了积极贡献，经过不懈努力，获批国家级重点专精特新“小巨人”企业、国家技术创新示范企业，在航天精工成立十周年之际迎来了“最好的精工”。

一、坚持政治引领 彰显央企担当

航天精工党委始终坚持以习近平新时代中国特色社会主义思想为指导，深入学习贯彻习近平总书记系列重要讲话精神和重要指示批示精神，胸怀“国之大者”，不断提升政治判断力、政治领悟力、政治执行力。航天精工党委积极贯彻落实集团公司“一四三五五”发展思路和“1+4”发展战略，认真研究并探索出“三个转变”发展思路：在经营思想方面，由片面追求收入规模向质量并重、质量优先转变，在聚焦主业、做实业绩方面出实招、下重手；在市场定位方面，由强调市场末端配套地位向突出行业领头雁地位转变；在发展目标方面，由单一高端紧固件生产商向高端紧固件生产商和紧固连接技术解决方案咨询、服务商转变。通过探索和实践，航天精工全面完成了各年度国家重大型号配套任务，为航空系列战机、航天新型运载火箭及“载人航天”“探火”“探月”“北斗”等重大项目作出了重要贡献。

莫嫌天涯海角远，但肯摇鞭有到时。2020年，航天精工经营业绩大幅提升、各项经营指标达到历史最高水平，在集团公司经营业绩考核、党建考核、领导班子考核中结果均为“优秀”。功夫不负有心人，航天精工已经发展成为集中高端紧固件研发、制造、检测及服务为一体的高新技术企业，行业影响力和竞争力进一步增强，干部职工焕发出铆足干劲促发展的良好精神面貌。

二、坚持创新驱动 推进高水平科技自立自强

“这一次我们面对的是国家课题，尽管挑战很大，但更多的是机遇，我们必须全力以赴……”技术部党支部书记唐伟在某项目动员会上这样说；聚焦“卡脖子”问题、紧盯关键技术攻关，在接下来夜以继日地加班和争分夺秒地论证中，他们经历了数十次的试验、无数次的讨论和无数次的完善，唯一目标就是方案更加合理和先进；在数个项目答辩过程中，这群始终镇定自若、思维敏捷的年轻人，赢得了评委的充分肯定。最终，航天精工硕果累累，获批科研项目数量和国拨经费均位列行业前茅，为提升供应链价值创造能力提供了有力保障。

“行业领头雁就必须要有领头雁的担当，也意味着努力和付出就更多”，航天精工党委书记、董事长焦光明多次强调。航天精工党委立足新发展阶段，贯彻新发展理念，充分融入新发展格局，积极发展智能连接及监测技术，在国内首次提出第二代紧固件的概念，将传统的紧固件“哑”零件与传感器技术相结合，经过三年多攻关，开发出了“会说话”的智能螺栓，与传统紧固件相比将预紧力测量精度提升了10倍。累计开展了千余次试验、验证，实现了智能紧固件核心技术的突破，在−196℃低温至700℃高温下不发生失效、能经得住“冰火两重天”的考验，成为螺丝钉中的高科技“杀手锏”，智能

紧固件的成功研发得到了上级领导、型号专家的高度肯定。航天精工高度重视平台建设，创建国内首家紧固连接技术研究院，行业内首家获批建设省部级紧固连接技术重点实验室，系统推进紧固连接系统技术有序发展。

三、坚持人才强企战略 锤炼精干高效人才队伍

航天精工党委深入贯彻落实集团公司人才强企战略，立足实际提出“精才工程”方法论并制定了一系列人才培养政策措施，让职工在职业生涯成长上有方向、有空间、有奔头。着重“精工英才”发展，全面实施各专业技术领域的专业师队伍建设，构建立足“广、精、通”的专业技术人员成长通道，不断激发人才潜能；以“高精尖缺”为导向选拔培育专家队伍，主持重大科技项目、开展关键技术攻关共 20 余项，培养专业技术骨干 20 余人，创造了较好的经济效益；创新科技奖励机制、鼓励技术团队突破“卡脖子”问题，兑现科技期望奖，形成“科技创新-成果转化”的良性循环；设立 Y（Young）类青年科技创新项目，推动项目成功、青年成才。着眼“精工巧匠”培育，在团队建设、技术攻关、技能水平提升、工作绩效、树牢全员“零缺陷”质量意识、人才培养等方面均发挥了正向作用，打造了一支数量充足、结构合理、素质过硬的技能人才队伍，产生了示范带动效应、树立了技能人才标杆。

在实现经营效益根本好转、企业发展行稳致远的同时，航

天精工人才梯队建设成效初显，国家级、集团公司级及单位级人才较“十三五”初期翻了一番。培育出了全国劳动模范、省级劳动模范、省级优秀共产党员、中央企业先进基层党组织和省级先进基层党组织等一批先进个人和先进集体，他们都以实际行动传承和弘扬着航天精神，正如全国劳动模范、高级技师余军伟所讲“我很自豪能够为国家航天事业作出自己的一份贡献，在今后的工作中我将充分发扬劳模精神、工匠精神，立足岗位再创佳绩”。

四、坚持依靠职工办企业　凝聚高质量发展磅礴力量

航天精工党委坚持系统观念，研判发展形势，下好先手棋、打好主动仗，2020—2021 年，分别作出《关于“攻坚二季度，冲刺新目标”的决定》和《关于“交付至上，大干 120 天，献礼建党 100 周年”的决定》，所属各单位积极响应并部署劳动竞赛，涌现出了“特别能钻研”“特别能突击”等一批特色党支部，“机加铁人党员突击队”“亮剑党员突击队”等优秀党员突击队，“鸿鹄青年突击队”“烽火青年突击队”等优秀青年突击队，他们扑在科研生产现场，钻进车间一线解难题、攻难关，全体干部职工勠力同心、齐心协力坚决打赢了保交付、保市场攻坚战，圆满完成各项科研生产任务目标。

航天精工党委始终坚持以人民为中心，两级领导班子牢固树立“做有良心的经营管理者”理念，印发《关于坚持以人民

为中心的发展思想 全心全意依靠职工办企业的决定》并深入落实，累计投资近500万元为职工办实事、办好事，津区膜结构停车棚项目、津区职工健身房建设项目、河南公司膜结构停车棚项目、贵州公司生活区防滑路面改造项目、贵州公司新建汽车充电桩项目等众多项目逐个投入使用，一桩桩实事办在了职工的心坎上，实现了职工与企业发展的同频共振，职工幸福感、获得感、安全感有效提升。

砥砺新时代，奋进新征程。航天精工党委将深入学习贯彻落实习近平新时代中国特色社会主义思想，增强“四个意识”、坚定“四个自信”、做到“两个维护”，增强做中国人的志气、骨气、底气，牢固树立做好技术第一、质量第一的中国武器装备紧固件领头雁的信念和信心，汇聚建设高端紧固件世界一流企业的强大力量，坚持科技自立自强，履行强军首责、彰显央企担当，努力为党和人民争取更大光荣，为实现中华民族伟大复兴的中国梦贡献更大力量。

栉风沐雨二十载　砥砺奋进新征程

财务公司党委

挽住云河洗天青，物华又与岁华新。100 年前，中国共产党在中华大地广袤的土地上播下一粒种子，今天茂盛繁衍，长成了中华民族的参天大树。中国共产党像一团星火，传播在中华民族伟大人民的心坎里，今天代代相传，形成了浩瀚无垠的燎原之势。65 年前，党领导和开创了中国航天事业，一代代航天人牢记党的嘱托、满怀信念和梦想，毅然起航，在一穷二白的基础上，为中国人民挺直腰杆“站起来”创造了航天奇迹。在历尽艰辛、饱经风雨的长期探索实践中，今天的中国航天科工集团有限公司秉持“国家利益高于一切”的核心价值观，科学把握新发展阶段，坚决贯彻新发展理念，服务构建新发展格局，在高科技领域取得了一批堪称首创的重大突破和创新成果，并在载人航天、月球探测、北斗导航等航天重大科技工程方面提供“天地一体化”保障，极大振奋了全党全国人民的自信心和自豪感。

20 多年前，在多元化金融体制改革的背景下，航天与金融“碰撞出火花”，创建了航天人自己的金融机构——航天信托投资有限责任公司，2001 年该公司分立改组为航天机电财务有限责任公司和航天科技财务有限责任公司，2002 年航天机电财务有限责任公司更名为今天的航天科工财务有限责任公司（以下简称“航天科工财务公司”）。

二十年来，航天科工财务公司保持初心，坚守本源；

二十年来，航天科工财务公司坚守定位，服务大局；

二十年来，航天科工财务公司深化改革，谋求发展；

二十年来，航天科工财务公司持续创新，成绩斐然。

二十年来，在集团公司正确领导和关怀下，航天科工财务公司以习近平新时代中国特色社会主义思想为指导，以服务集团公司发展为己任，坚守金融服务实体经济的本源不动摇，积极探索、科学决策、主动作为，走过了不平凡的发展历程。

一、探索与转型

万事开头难，航天科工财务公司初期发展经历了“摸着石头过河”“艰难转型”“稳健提升”几个阶段，充分发挥集团公司“资金归集平台、资金结算平台、资金监控平台、金融服务平台”四大平台功能的定位更是在探索和实践中逐渐清晰。

资金归集平台的搭建是公司成立之初的“重头戏”。刚成立之时，由于公司没有取得结算业务资质，业务产品及经营模式十分单一。2002 年年末，集团公司启动资金集中管理工作，先后与中国工商银行、中国建设银行、中国银行、中国农业银行、交通银行等建立战略合作伙伴关系，公司资金管理工作和经营模式实现突破与转型，资产规模、存款规模不断攀升，信贷业务、资产管理业务、同业业务齐头并进，金融服务能力和经营质量实现逐年稳步增长。

与此同时，一支具有财务、金融等管理类、经济类专业知识背景的人才队伍逐步发展壮大，这支队伍在工作中以严、慎、细、实的态度努力践行“求实、创新、协同、奉献”的企业精神，每一场客户业务培训的精心策划、每一笔资金收益的精准测算、每一份统计报表的精确报送，无不渗透着航天金融人的敬业与执着。在刚刚挥手作别的“十三五”时期，公司累计实现利润总额较“十二五”同期增幅达62%。

为有效防范各类风险，公司在同业中较早成立了专门的风险管理部门，并逐步形成了由业务部门、风险管理职能部门、审计职能部门组成的“三道防线”内控组织体系。不断完善了包括风险分类、识别评估、监测预警、防范控制、监督评价等一系列风险管理流程。相关实践成果先后获得集团公司、国防科工委和国家级管理创新成果奖，并被同业财务公司借鉴运用。

航天科工财务公司因集团公司发展而生，在多年工作中，不断发挥着对集团成员单位提供金融服务的服务属性和作为集团总部管理职能组成部分的辅助管理属性，紧紧把握住内外部发展机遇，全面提升资源统筹和理财创效能力，切实降低集团公司整体融资成本，为推动实现建设世界一流航天防务集团公司的战略目标提供了重要支撑。

二、服务与创新

习近平总书记强调，“金融是实体经济的血脉，为实体经济服务是金融的天职，是金融的宗旨，也是防范金融风险的根本举措”。准确定位航天科工财务公司的功能是健康发展的关键，只有锚定集团公司战略发展，牢牢把握集团价值最大化的努力方向，公司才能行稳致远。

二十年来，航天科工财务公司聚焦集团公司产业发展，围绕金融服务的深度、广度持续发力，特别是近年来通过全面推行集中代理结算模式，加大新模式推广应用，公司直接集中资金的规模显著提高，已从成立之初的2亿余元逐步增长到“十三五”末期的近千亿元。同时从2020年开始，公司主动延长结算服务时间，开辟对外付款绿色通道，发布业务服务手册，持续改善客户体验。信贷服务方面，公司通过设立专项优惠贷款池、“百亿计划贷款池”、疫情专项贷款等多项优惠贷款项目，持续为符合集团公司整体战略产业提供低息融资支持，精准服务实体经济发展。二十年来公司坚持通过提高存款利率、降低贷款利率让利成员单位，仅“十三五”期间，已向成员单位累计让利5.4亿元。

“抓创新就是抓发展，谋创新就是谋未来”。航天科工财务公司在坚持好基本定位和金融属性的原则下，不断加大改革创新力度。不断拓展新的业务方向，先后推出票据业务、成员单位应收账款保理业务、成员单位产品的买方信贷和融资租赁业务、保险代理业务以及票据转贴现业务等，并取得上海票据交易平台会员资格，外币归集实现突破。

“顺应科技创新，实现技术赋能，让业务与管理工作双双进入快车道”。近年来航天科工财务公司紧紧依靠金融科技的迅猛发展态势，依托数据资源，在新技术的赋能下，苦练内功、鼎新革故，持续推进信息化建设。新一代核心业务系统、“支付通”“一网通”建设让资金管理更高效；统一监管报送平台、“监控池”的上线让风险防控更有效；智慧企业运行平台、业财一体化建设让企业管理更通畅，信息化、数据化、智能化已成为公司下一步发展的新引擎。哪怕在新冠肺炎疫情最严重的时期，公司主动顺应集团公司资金管控模式的重大变革，不畏艰险、全力以赴，在极短时间内，高质量完成了集团公司资金在线集中管理系统的建设与推广应用工作，为集团公司从源头做好资金管理风险防范提供了有力的抓手。

三、继承与铸梦

“百年恰是风华正茂”！今天的中华民族已向世界展现出一派欣欣向荣的气象，正以不可阻挡的步伐迈向伟大复兴。在中国共产党的正确领导下，全国人民朝着实现中华民族伟大复兴的中国梦不懈努力，我们航天人更是牢记习近平总书记“早日实现建设航天强国伟大梦想”的殷殷嘱托，以老一代航天人为榜样，自力更生、艰苦奋斗，让航天精神的薪火历久弥新代代传！

应对新机遇新挑战，持续完善党的领导和党的建设，成了公司应对严峻复杂发展形势，赢得优势、赢得主动、赢得未来的“重要法宝”。党的十九大以来，公司党委以习近平新时代中国特色社会主义思想为指导，坚决贯彻落实新时代党的建设总要求和新时代党的组织路线，以党的政治建设为统领，不断提高党建质量，坚定不移推动全面从严治党，团结带领各级党组织和广大党员干部职工践行使命担当、砥砺拼搏奋斗。为促进党建工作与中心工作深度融合，班子领导带领相关部门深入业务现场、同业机构和监管机构，解决难题、推动工作。始终坚持“党的一切工作到支部”的鲜明导向，成立4支党员突击队，46名队员在“急难险重新”任务中冲一线、当先锋、作表率。全面推动党支部标准化、规范化建设，持续规范“三会一课”“主题党日”等支部日常工作，扎实开展党支部书记抓党建工作述职评议，通过点评存在问题，开展先进党支部评选表彰，营造基层支部“比、学、赶、超”的浓厚氛围，让党旗始终在金融服务一线高高飘扬。

历史川流不息，精神代代相传。航天科工财务公司作为集团公司金融服务主平台，从诞生之日起，就带着中国航天事业的烙印，党的领导更是公司的光荣传统、独特优势和力量所在。公司各级党员领导干部将赓续共产党人的精神血脉，发扬红色传统、继承红色基因，持续学习贯彻习近平新时代中国特色社会主义思想，对标对表党中央重大决策部署，深入贯彻落实习近平总书记关于金融工作的重要指示批示，牢牢把握金融服务实体经济的本源和方向，聚焦集团公司各产业发展，以高度的政治责任感，做实做细金融服务，不断完善各类举措，为助力成员单位创新能力提升、产业转型升级以及集团公司主责主业发展贡献不竭的力量与源泉！

匠心打造航天报国的“红色”资本

资产公司党委

1921 年 7 月 23 日中国共产党成立，一百年风雨兼程，一百年奋斗不息。

1956 年 10 月 8 日，国防部第五研究院成立，航天事业扬帆起航。

2009 年 10 月 29 日，航天科工资产管理有限公司成立，12 年来风雨兼程，奋斗不息，始终坚守初心使命，坚定理想信念，奋力谱写新时代航天资产发展的新篇章。

一、听党话、跟党走，勇当国资保值增值的“定盘星”

习近平总书记指出：“必须坚定不移把发展作为党执政兴国的第一要务，坚持解放和发展社会生产力。”在党的坚强领导下，资产公司党委始终坚持党的资本必须“姓”党，充分发挥把方向、管大局、促落实的领导作用，坚持以经济建设为中心，致力于股权投资、产业基金、证券投资、产权经纪及财务顾问服务等业务。

问渠那得清如许，为有源头活水来。资产公司发挥资本平台的功能性作用，有力撬动社会资本。截至2021年11月，产业基金实缴到位金额91.60亿元，其中集团公司及下属单位合计实缴到位24.46亿元，社会出资人实缴到位67.13亿元，杠杆比例1∶3.7。

投资收益是关键。产业基金累计投资项目141个，累计投资金额70.14亿元，已投项目累计增值44.99亿元，总增值率64.15%。已投项目中实现IPO上市9个，被上市公司收购退出3个，实现了较好的投资收益。

盘活资产打通资本内循环。通过产权市场完成集团公司资产处置和股权转让项目236个，成交额83亿元，增值率14%，成交率超过90%。服务集团公司23家产业单位在产权市场公开征集投资人并成功引入外部资本59亿元。

混改增资引入社会资本。服务集团公司内部单位混改、增资工作，以投行带动投资，形成了“1+1+N”服务模式。2019年顺利完成湖南航天混改项目，通过基金领投4.22亿元，引入外部资本13.37亿元。

资本就要能带来利润。资产公司“十三五”期间累计利润总额为15.1亿元、净利润为11.8亿元。2010年至2020年间平均净资产收益率为6.01%，高于国资委企业绩效评价系统披露的同行业（经营性投资公司）平均值（2.6%）和良好值（5.7%）。2010年至2020年间平均国有资本保值增值率为109.52%，高于优秀值（106.8%），较好地实现了国有资本的保值增值。

二、我的航天、我的梦，争当航天产业发展的“推进器”

习近平总书记指出：“探索浩瀚宇宙，发展航天事业，建设航天强国，是我们不懈追求的航天梦。”集团公司战略管理委员会议明确了“一个目标三步走”发展战略和“1+4”战略。资产公司坚持科技强军、航天报国，聚焦主责主业，产业基金所投项目遍布集团公司五大产业板块细分领域，着力于投资产业链优质企业，打造集团公司产业生态圈，锁定前沿技术与优质供应商，助力产业单位打造产业链“链长”地位。

产业基金聚焦主责主业。产业基金投资集团内部项目 32 个，投资金额 29.22 亿元，占总投资金额的 41.66%。

在防务装备板块，投资总额 3.43 亿元，布局了仿真模拟、陀螺仪、元器件、雷达、电子对抗等领域，其中投资了贵州天马 2.3 亿元，推动其产业化；投资了万山公司 0.51 亿元，协助解决历史遗留问题并推动员工持股计划；和 23 所共同发起了航天新气象公司，协助改革国企机制。

在航天产业板块，投资总额 7.80 亿元，布局了火箭发射、卫星制造、通信传输、遥感、导航、气象监测等领域，其中领投火箭公司 A 轮融资 3.6 亿元，带动社会投资 12 亿元；与产业单位共同发起设立行云公司、空间公司，通过市场化机制和资本巩固集团公司在商业航天领域内的比较优势。

在信息技术板块，投资总额23.59亿元，布局了信创、工业互联网、工业软件、量子通信、网络安全、智慧城市等领域，其中投资航天云网A轮融资1.5亿元及B轮7亿元，带动社会投资31.82亿元，助力航天云网进一步加快核心能力建设、平台生态构建、市场拓展及专业能力完善；与二院共同新设航天中认软件测评公司。

在装备制造板块，投资总额31.85亿元，布局了半导体、激光器、新能源、新材料、精密加工等领域，其中，与三院合作新设空天材料苏州公司，与三院推荐的技术团队共同新设方圆奇正公司，与航天三江共同新设锐晶激光芯片公司，投资激光研究院、万山特种车等，积极助力产业单位转换经营机制、完善集团产业布局。

参股投资有效助推了集团产业布局。参股投资项目共29个，投资金额16.38亿元。其中，投资集团内项目21个，投资金额13.28亿元，约占参股投资总金额的81%，包含航天云网、南京长峰、航天气象、网信公司等内部典型项目，较好地发挥了对集团产业发展的支撑作用。

资产公司产业基金业务板块入选2019年“中国最活跃CVC Top50”及“中国最活跃制造业CVC Top5”，北京基金公司连续三年荣获“金牛高端制造领域投资机构”奖，深圳基金公司入选“2020年中国半导体投资机构Top100”榜单。

三、赓续红色血脉，拓荒航天参股公司党建的“试验田”

习近平总书记指出：“以史为鉴、开创未来，必须不断推进党的建设新的伟大工程。”资产公司党委坚持弘扬伟大建党精神，坚持党要管党、全面从严治党，勇于自我革命，不断推进党的建设。公司党委与各参股公司的其他出资方进行了充分协调沟通，在加强参股公司党的管理上达成一致意见。将参股公司党组织全部纳入党建工作管理范围，坚持“投资业务发展到哪里、党的建设就跟进到哪里、党组织的战斗堡垒作用就体现在哪里”。

着力“四同步”“四对接”，在公司设立及收并购过程中，坚持党的建设同步谋划，党的组织及工作机构同步设置，党组织负责人及党务工作人员同步配备，党的工作同步开展，实现体制对接、机制对接、制度对接和工作对接。

务求“应建尽建”，实现“把支部建在连上”。资产公司参股管理的公司主要有 10 家，其中符合党组织设置条件的有 8 家。通过不断努力，共设立党委 2 个，党支部 6 个。资产公司党委管理党员 150 名，其中参股公司党员 104 名，占比 70%。

一以贯之“党建进章程”和党组织对“三重一大”事项的前置研究。坚持“两个 1%”配备。明确资产公司党委与地方党委管理的分工界面。

实现“双向进入、交叉任职”，在选人用人上强化党组织的领导和把关作用。着力选优配强各参股管理公司党组织书记。董事长一般由主要出资方推荐，如果该董事长是党员，并且适合担任党组织书记，董事长和党组织书记就由一人担任。公司党委将各参股管理公司的四类领导干部纳入直接管理范畴。在干部任用上执行“凡提四必”要求，定期进行个人事项核查，实施业绩考核。《资产公司派出董事、监事和股东代表管理办法》对派出董事、监事人选作出了详细规定。

以系统观念抓党建。坚持以党建工作计划为抓手，逐步建设“五年有规划、每年有策划、每季有分解、每月有滚动”的计划管理体系。以党建工作考核评价为主要依托，逐渐规范完善了党组织书记抓党建述职评议、党建工作年度考核、季度量化评分等内容，建立了适合公司特点的党建考核制度。

以文化人，内化于心。以党务干部培训、纪念“中国航天日”等活动为契机，培育践行社会主义核心价值观，立足航天，面向市场，传承航天基因，坚持航天品牌和航天精神，内聚人心，外树形象，增强职工对航天的归属感和认同感。

“一个支部一座堡垒、一名党员一面旗帜”，聚焦改革发展中的重点、难点工作，2021 年成立党员突击队 14 支。结合实际，加大工作创新力度，创新活动载体，开展党员亮身份、党员示范岗、党员志愿服务等。

党的旗帜在资产公司及参股公司高高飘扬。几年来，涌现出了多项先进典型，荣获践行航天精神先进集体和先进个人，荣获集团公司优秀共产党员、优秀党务工作者、疫情防控优秀共产党员、杰出女职工、宣传思想文化工作先进个人，荣获集团公司政研课题一等奖……

坚持真理、坚守理想，践行初心、担当使命，不怕牺牲、英勇斗争，对党忠诚、不负人民。

这是伟大建党精神，这也是资产公司面对鲜红党旗的铮铮誓言，以“为有牺牲多壮志，敢教日月换新天”的大无畏气概，匠心打造航天报国的“红色”资本，书写航天事业恢宏的史诗篇章。

发展故事篇

感悟初心　奋勇前行

钱学森的飞航情缘

张佐成

1955 年 10 月，钱学森历尽艰辛回到祖国。1956 年 10 月 8 日，国防部第五研究院成立，被任命为院长的钱学森为新中国绘制出发展导弹与航天事业乃至全国科学发展的规划蓝图。为此，他的足迹遍布祖国各地。在中国导弹与航天事业初创时期，钱学森曾数十次亲临北京西南远郊云岗这片神秘的荒丘野岭。昔日只有几十户人家的云岗小山村，现如今已发展成一座赫赫有名的航天城。这与钱学森开辟中国导弹与航天事业的历史情缘密不可分。

一、为创建中国第一支导弹部队第一次足踏云岗

1958 年 1 月 11 日，中国人民解放军炮兵教导大队，也是中国最早的导弹部队，在云岗（现中国航天科工三院西大院）神秘地举行开学典礼。

国防部五院院长钱学森出席大会，这是他第一次来到云岗。面对炮兵教导大队第一期 683 名学员和总参作战部、军械部、

国防部第五研究院的105名见习生，以及苏军导弹营103名官兵，钱学森作了重要讲话。他说："P—2导弹是苏联第一代产品，谈不上先进，是苏军退役的装备，是供我们教学用的。但是对于我们来说，毕竟有教学实物，可少走弯路。我在美国就没看到这样的实物，要好好学！"

据当年学员回忆，钱学森当时还说："对于火箭导弹武器装备，我们还是个不会走路的孩子。现在是刚刚起步，我们深信在党中央的正确领导下，在启蒙老师苏联专家的帮助下，经过我们自己的辛勤努力，一定能会走、会跑，成长壮大。"

在炮兵教导大队培训期间，钱学森又5次来部队检查教学工作，并给学员官兵们讲授导弹课程。同时，他多次前往当时刚搬迁到云岗的国防部五院一分院、一分院试验站和国防部五院空气动力研究所，检查指导工作。

直到1959年7月炮兵教导大队撤销，这里共举办6期培训班和多期干部短训班，培训出3000余名导弹技术骨干。结业时，已组建了4个教导营，奔赴重要地区布防。还向解放军总部、院校，以及航天科研机构输送大批技术骨干人才，其中一些人成为我国导弹部队的中高级指挥员、将军，航天系统的研究员、院士和"两弹一星"功勋奖章获得者。

二、为建设我国导弹与航天事业初创时期试验基地而来

1961年9月1日，钱学森出席国防部五院三分院成立大会。

他在讲话中指出，三分院将要承担起我国各种导弹的风洞吹风和地面热试车等地面试验，确保我国第一代各种导弹仿制与研制任务的完成。

为了加强三分院的技术领导，钱学森将梁守槃教授从哈尔滨军事工程学院调来北京，任三分院技术副院长，将他的学生庄逢甘调至三分院任技术副院长兼空气动力研究所所长。

三分院成立后，钱学森又多次前来指导开展科学研究和地面试验工作。三分院干部职工一手抓风洞以及火箭发动机、全弹试车台的建设和试验，一手抓冲压发动机和液体火箭发动机推进剂的研制与试验，将三分院建成我国第一个空气动力研究与试验、冲压发动机研究与试验、火箭发动机与全弹地面试验的基地，完成了我国早期“东风”地地系列型号导弹、“红旗”地空型号系列导弹以及后续型号的各种地面试验任务，为我国航天事业的蓬勃发展奠定了坚实的基础。

为确保完成我国自行研制的东风二号导弹的研制试验，1963 年 9 月 27 日，钱学森再次来到云岗。这次他是带领国防部五院全弹试车台验收委员会成员，对刚建成的全弹试车台进行鉴定。

当时，我国自行研制的东风二号导弹首次飞行试验失败，所采取的重大措施之一就是抢建全弹试车台，对“东风二号”补做全弹的地面试验。

1963 年 6 月 10 日，试车台全面竣工。这座当时亚洲最大的全箭系留试车台备受世界关注——该试车台是否符合设计标准？能否接受“东风二号”全弹地面热试车试验任务？为此，国防部五院成立了以钱学森为主任委员的全弹试车台验收委员会，对抢建的试验站四号台进行技术考核与鉴定。

用1059导弹对全弹试车台进行的第二次鉴定性热试车获得了圆满成功。鉴定委员会根据3次冷试车和2次热试车的试验数据确认，全弹试车台已达到设计和试验大纲的技术要求。钱学森正式宣布："四号台通过鉴定验收，可以转入对东风二号导弹全弹进行地面试验。"

1964年6月29日，东风二号导弹在酒泉发射成功，标志着我国从此有了自己研制生产的护国利剑。

三、为组建"海防导弹研究院"、开辟我国飞航导弹事业而来

1965年2月24日，钱学森再次来到云岗，参加1月22日刚刚组建的海防导弹研究院（七机部第三研究院）召开的海防导弹型号规划会议。

这是三院组建型号院后第一次研讨型号发展规划的会议。大会共开了11天，钱学森亲临会议并做了重要讲话。这是他在抓地地导弹、地空导弹之后开拓的一个新领域，即飞航导弹技术领域。这次会议确定了海防导弹型号发展规划，并明确了研制海鹰二号岸舰导弹任务设想。

三院提出的在苏式544舰舰导弹基础上采用承力式箱体结构的改型设计方案被中央军委批准。从此，三院便踏上了研发飞航导弹技术的道路。

四、为加快我国自行研制的海鹰二号岸舰导弹而来

1965 年 4 月 16 日，钱学森又来到云岗，参加三院为加快海鹰二号导弹研制进度召开的党委常委扩大会议。

钱学森在会议上传达了国家领导人刘少奇关于“为打击从海上来袭的敌人，要尽快拿出岸舰导弹”的重要指示和七机部党委的指示要求，并正式表明：“中央决定飞航式导弹研制由七机部负责，三院要勇敢地承担起这一艰巨的任务。”

1965 年 5 月 31 日，根据钱学森的指示和“四·二三”会议确定的研制岸舰导弹任务分工，沈阳 111 厂成立了海鹰二号发动机设计室，三院三部派 5 人参加。落实了导弹动力装置的研制问题后，海鹰二号导弹的研制进程加快。

在钱学森的关怀下，梁守槃带领三院广大科技人员克服种种困难，经过 5 年奋战，终于在 1970 年 3 月完成了三院第一个“基本型”海鹰二号岸舰导弹的设计定型。

五、为开发研制弹用冲压发动机、发展我国超音速飞航导弹而来

1962 年 6 月 14 日，钱学森出席国防部五院科技委冲压发动机组会议，讨论冲压发动机的研制发展途径。

会上，钱学森指出：“首先要选定用什么燃料，然后再研究

扩压器、燃烧室。按着这个思路去考虑研制冲压发动机问题，这条路可以走通。”

1967 年 11 月 23 日，他再次来到云岗，参加三院军管会主持召开的某型超声速导弹方案讨论会。会议初步确定了导弹总体方案和研制进度，预定 1969 年完成三发遥测弹并进行飞行性能考核。

60 多年过去，弹指一挥间。钱学森与云岗的情缘见证了中国航天事业一段弥足珍贵的历史，也闪耀着以钱学森为代表的航天人勇于攀登科学高峰的精神品质。

永定路 52 号：亮剑长空，为国铸盾

胡蓝月　林佳昕　张铁柱

北京市永定路 52 号院，王诤将军的塑像静静屹立在青松翠柏下。王诤将军是国防部第五研究院二分院（中国航天科工二院前身）的第一任院长，是我党我军无线电通信、新闻广播、气象、电子工业、人民邮电和航天事业的重要开拓者和卓越领导人。以王诤将军为代表的老一辈革命家为新中国开天辟地，他们的精神、事迹与航天事业共同铸就了二院的红色精魂。

“我的梦想，就是为国家研制先进国防产品。”19 岁的于本水如愿以偿和长春市全市的新党员一起，面对鲜红的党旗庄严宣誓。怀揣报效祖国的宏图大志，他被国家选派至苏联莫斯科航空学院学习。1957 年 11 月 16 日，就在于本水等一批留学生公派到海外求学之际，国防部第五研究院二分院组建，主要承担火箭、导弹控制系统的研制任务，永定路 52 号院成为我国空天防御事业的诞生地。中国航天事业发展 60 多年来，蔡金涛、黄纬禄、于本水、陈定昌等老一辈航天人为我国几代防空导弹的研制付出全部心血。时至今日，于本水每周一准时到办公室工作，他用 4 个词概括自己的任务“远望、救急、把关、育

人”。每逢项目任务需要，于本水和他的“老战友们”一如既往奔赴一线，用自己积累数十载的技术经验为后辈照亮前路，践行自己航天报国的诺言，每次发射胜利后的欢笑泪水，都在为中国航天事业筑基扬帆、为中国航天精神增光添彩。在党的全面领导下，从仿制到自行设计，从专门研制火箭、导弹控制系统到独立项目全流程研究设计，从单一项目到多类项目并举体系化发展，聚焦主责主业、多产业融合发展，一代代二院干部职工接续奋斗，与我国航天事业共同成长，秉持“科技强军、航天报国”的使命，努力建成世界一流航天安全防务研究院。

一、不忘航天报国初心，择一事、终一生

随着国务院机构改革和国防科技工业体制改革，从1957年成立至今，二院先后历经国防部第五研究院二分院、七机部二院、航天工业部第二研究院、航空航天工业部第二研究院、中国航天工业总公司第二研究院、中国航天机电集团第二研究院、中国航天科工集团第二研究院等发展阶段，始终不变的是航天人铸盾空天的报国初心。

“30年干了一个项目。”二院二部项目技术负责人康总说，1991年自己从哈工大毕业就来到二部，一直从事国防产品研制工作，从主管到主任设计师再到技术负责人，他和研制队伍一同成长。回顾发展历程，研制队伍始终以主责主业为核心，通过“小改”和“大改”不断提升能力、超越自我。“小改就是硬件不变，提高产品性能。”康总介绍，在老一辈航天人的带领

下，他参与研制的项目定下基本型系列化发展的路线，在原有项目平台的基础上，不断挖掘平台潜能，优化软件运行效率，根据使用情况反馈改进问题，不断提高产品可靠性。“大改就是随着技术发展，使项目全方位再上台阶。”康总补充，装备经过几次大改后，产品性能比肩国际一流水平。几经更迭，研制队伍中走出一大批人才，把技术、经验推广至全院，“研制一型国防产品，能锻炼出一支队伍”。

以航天科工和二院平台为支撑，近几年国家国防产品建设要求不断提高、用户需求不断增加，在空天防御领域，二院的实力有目共睹，多个项目齐头并进，激发大家干事创业的热情。“关键是认清自己的前进方向，职业前景规划要符合组织的发展战略。”王师傅是二院699厂国家级技能大师工作室带头人。从1985年军队复员来到二院，他从一名普通工人成长为国家“工匠榜样”，秉持精益求精的“手艺人”精神，承担型号装备地面设备从材料处理到车削加工的制作任务。“日常工作一刀一刀地车、一圈一圈地铣，都是极平凡、极繁琐的。看着手中的零件最终能实现不平凡的功能，一线工人的心情也会发生剧烈变化。”王师傅回忆，每逢交付现场听到发动机的轰鸣，装备车排着队缓缓驶出，所有人都停下来行注目礼。航天是国家一张闪亮的名片。王师傅说，作为一名技能工人，二院给予技能工人的支持与认可是其他行业比不了的，现在队伍里年轻人多，其中90%都是党员。王师傅不仅自己钻研技术，还带出来一批“全国技术能手”，他和徒弟们的故事被全厂津津乐道。“十年磨一剑，这个行业需要沉淀。”王师傅认为，现在二院上升渠道多，通过技能比赛等各种途径选拔年轻人，极大加快了年轻人的成长速度。

重视人才，鼓励人才，二院选树了陈定昌院士、张奕群研究室等一批先进典型，为广大干部职工树立了学习榜样。二院还先后荣获“新中国成立70周年杰出贡献企业”“全国模范职工之家”“全国五四红旗团委”等多项称号。二院聚焦主责主业，坚定履行强军首责，深化质量制胜战略，推动产业集群发展，国防武器装备建设和经营业绩发展迈上了新台阶。在新中国成立70周年大阅兵和建军90周年朱日和阅兵式上，二院自主研制生产的多型型号装备接受了党和人民的检阅，充分彰显我国日益强大的防空实力和国防力量。

二、双向选择，“老中青”协力开拓新方向

“行业内趋势更加开放，技术和机遇不仅仅是哪一家独有，竞争已经来了。”二院25所的小贺是交会对接微波雷达项目主任设计师，探月工程、载人航天工程都有她和团队负责的“明星产品”助力。近年来，以精确制导见长的25所，除了发力保住原有的“饭碗”，还努力突破新技术，在激光、商业航天、3D打印等领域实施产业布局，由主责主业向民用产业延伸。“以明星产品为突破，25所确立了新的发展方向。”据相关负责人介绍，25所计划有节奏地招聘新人、扩大规模，部分产品已经形成“明星效应”，有团队深度参与以虹云工程为代表的低轨卫星星座建设。25所在京内外规划了若干新试验厂，近两年密

集布局了成都、西安、新昌等重点区位，把研发分流到地方，借助当地高校和人力资源优势延长产业链，支撑新产业布局。“对团队而言，之前串线工作多，按产品生命周期管理只干一个活儿。现在是并行工作，兼顾技术攻关和小批产，还有新技术预研。”小贺对当下的工作节奏深有感触。在一段时间里，她不仅要负责多个交会对接项目，还要顾及已经定型的项目产品列装，同时也要分配时间培养新人。

贯彻落实党的路线方针政策，结合实际情况，25 所把党建、学习和工作结合起来，全方位提升党员综合能力，以党员带动群众共同提升团队战斗力。“在党小组会议上，大家经常讨论和航天事业、国家重大发展战略相关的动向。”小贺表示。“成为一名党员，自己和党组织是双向选择。”小贺认为，党组织在日常工作中吸纳、引领先进青年，年轻党员干部也积极主动追求进步，团队中积极入党的成员往往有很强的理想信念。据介绍，目前 25 所技术线、管理线的中坚力量都是党员，党员身份带给他们更高的要求，时刻激励大家在技术上开拓创新、管理上整合资源，推动集体发展进步。

一直以来，二院坚持党管干部、党管人才，大力加强三支队伍建设，尤其围绕重要项目、重点工程、创新领域和产业发展，配强配优人才队伍，空天防御事业人才成长力不断提升。同样投身市场竞争、开疆拓土的还有二院 23 所，从年营业收入目标百万元到目标百亿元，从单一领域到制导雷达、测量雷达、气象雷达等七大领域，从永定路的几座办公楼到“一所多地”协同发展格局基本形成，23 所坚持“同心多元化”发展思路，规划建设了一批重点产业化项目，产业化能力进一步提升。据介绍，23所通过并购重组、设立下属公司和设立分公司的方式，将产业布局到京津冀区域之外，在产业承载能力比较好的地域，特别是电子信息和装备制造产业基础良好的城市，通过产业整合，将23所的技术优势与地方企业优势相结合，谋求“1+1>2”的发展效果。面对已经饱和、竞争厮杀十分激烈的市场，23所发挥技术优势，抢占制高点，实现弯道超车，培育新产业，整合产业资源，提升产业链水平，重点发展特色产业和配套产业。

二院大力开展体系化的主体创新和多维度的专业创新，实施专业体系重塑，形成30多个领域、200余个方向的专业结构；布局人工智能、量子等前沿技术，加速技术攻关与集成验证；开发太赫兹雷达、智能外骨骼、智能芯片等新产品。将高质量发展作为第一要务，二院积极推进发展方式转变、打造发展新动能，通过战略引领体系布局，聚焦“4+N”百亿产业，经营质量持续提高，产业化能力持续提升。

三、青春点燃兴国之魂，科创实现报国之志

1921年，中共一大召开，出席会议的13名代表平均年龄只有28岁。那时他们正年轻，然而在某种意义上来说，他们已经决定了未来中国的走向。当下，生逢盛世的青年党员到底是什么样子的？从二院的航天青年代表身上，可以窥得一斑。2013年，小臧博士毕业入职206所，2015年加入中国共产党，2018

年担任研究室副主任，并被选举成为党支部书记。专业创客、追求上进、才能兼备，从这份快速成长的履历中已经看到他的闪光点。作为206所最年轻、党龄最短的党支部书记，35岁的小臧非常务实，就是想带领大家一起做事情。如何做到党建科研两不误、两促进呢？小臧在不断学习党史、领悟共产党人的初心和使命中，找到了齐头并进的方法。小臧所在的第九联合党支部成立于2018年8月，由各部门技术创新人才融合而成，初始党员33人。大家亲切地称其为“小九”，不仅是因为党支部成立时间不长，还因为支部党员普遍年轻化。带领年轻同志发挥生力军的作用，小臧摸索出一套行之有效的做法：首先，解决大家的实际问题，让同志们感受到党组织是可依靠的；其次，联合党政工团给大家提供展示平台促进成长；最后，加强党建宣传，结合工作实际学习领会文件精神，引领大家考虑问题要顾全大局。随着信念感的不断增强，党支部的规模也在逐步壮大，现有党员近70人，获二院2018—2020年度先进党支部荣誉称号。作为团队核心成员，小臧从事前沿探索领域的科研工作。比如，“蜜蜂的生存本领能否在装备上得到运用”“微小的液滴能否让繁杂的基因检测变得快速”这些以微系统技术为核心的研究，不仅提升了国防实力，还将服务于国计民生。眼下，他们正将一种先进技术转化为可监控预警院感的医疗产品，通过咳嗽有效区分普通感冒和流感。谈及团队，小臧还提炼了三大特点：青、红、专。首先，成员年纪轻，平均年龄在35岁以下；其次，党员比例高，有接近90%的占比；最后，专业技术强，博士人数超过半数以上。

对于706所信创项目负责人小钟来说，“飞速成长，肩负重任”这8个字概述了他出色的工作表现。2008年入职后，他从一名设计人员快速成长为如今科研经营两手抓的实力干将，先后参与研制了多型国产化计算机。“入党是一件特别有荣誉感的事，每年班里只有2~3个名额。”小钟回忆大学时的入党经历，随着思想认识的提高、经过工作的锤炼，他认为作为一名党员、一名航天人，入党更是一种责任，需要担当和奉献，任何时候都应该冲锋在前。2017年年底至2018年年初，706所信创团队接到一个西部地区项目。3个月里，以党员为主力组成的3支小分队，深入2000多个乡开展信息系统的建设。据小钟介绍，由于严重的高原反应，如果有人发生高原肺水肿，生命安全将会受到极大的威胁，所以每次都有半数人员不得不提前离开。早在项目前期，小钟就已经深入当地考察。攻关期间，他有1个月在当地提供信息化服务保障。此后，他又多次前往进行项目培训和验收，他认为自己应该在条件艰苦的时候选择冲锋陷阵。最终，项目提早123天完美收官。从自主研发生产装备计算机服务国防，到掌握通用计算机自主技术服务民生的创新突破，以小臧、小钟为代表的青年群体用航天技术捍卫国家安全，矢志不渝追寻航天梦。

巡航导弹：长剑行 中国梦

刘　铭　刘华英　刘一丹

1991 年，海湾战争爆发。“战斧”巡航导弹横空出世……一时间，震惊全球！

一、筑梦

“中国也要有自己的巡航导弹！”承载着航天人“放飞神剑，收获和平”的强军梦，他们启航了。

先有“机”后有“弹”是巡航导弹研制的基本要求，这里的“机”是指某小型发动机。要知道，早些年在论证这种发动机时，国内有关部门已经给出明确结论：花 10 个亿，搞 10 年也不敢保证一定能搞成。面对极有限的外文参考资料，刚刚参加工作的新人捧起字典从语言开始学。研究室罗主任选择了手绘的方式完成图纸绘制。即使是在这种艰难的情况下，第一套原理样机也很快就诞生了。

航天型号研制有一个规律，新技术一般不超过 30%。巡航导弹却让这一规律完成了一次华丽的逆转——超过 70%的创新！

创新总是伴随着艰难和痛苦。在一次次的机载试验中，队员们逐渐摸清了登机“标准配备”：背包+塑料桶。背包用来装操作设备，桶用来装体内“贡献”出的“多余物”——通常一个试验下来，每个人都会吐5~6次。研制团队“领头雁”——型号总师刘永才，胃部曾经做过3/4的切除手术。在一次试验时他的胃部再次出血，生命垂危，被直升机火速送回北京抢救。

二、惊梦

中国真能搞出自己的巡航导弹吗？试验初期频频失利的阴影，不断拷问着年轻的研发团队。

突然发出“嘭”的一声巨响，空中升起黑色的烟云……几发导弹先后出现故障。

科学面前来不得半点马虎，任何小概率的问题都不能放过。刘永才说：“科学的问题，你糊弄它，它可不糊弄你，你没做到位，它迟早要找你麻烦。”

因为助推器没有分离，50多岁的电气系统主任设计师老许抱着捡回来的设备残骸老泪纵横，当即立下了一天不解决问题就一天不剃胡子的誓言。

还有更多的人将泪水和誓言悄悄地藏在心底：一定要打场翻身仗！

三、追梦

中国一定会有自己的巡航导弹！困顿中，这一坚定信念，激励着整个团队执着向前。

“活着干，死了算”是刘永才的口头禅。那时，他顶着巨大的压力，带领大家没日没夜地干。他们基本上没有了周末，连春节也只休息了两天。当时负责巡航导弹研制的型号部门，每天下班都是深夜两三点钟。

“不能带着问题上天。”型号“两总”独创性地提出“天地一致性”分析。结合型号特点，型号“两总”创造性地提出“一次成功技术保障分析”的思想与工作方法，被形象地称为“成功树”。近两年的整顿让整个团队脱胎换骨，“导弹不发射、按钮不按下、复查不停止。”

那年暮春时节，试验团队再次集结，奔赴前线。在去试验场的列车上，总指挥曹建国对身边的人说，火车怎么开得这么慢，你们跟司机说说让火车开快些吧。而按捺不住激动心情的刘永才则面对戈壁大漠，豪迈地呼喊：“我们又回来了！”车上的每个人都在心里默默较劲：我们一定要打好“翻身仗”，拿出国家的“争气弹”！

四、圆梦

巡航梦、强军梦、航天梦、中国梦……大漠捷报传四海，长河喜讯催人醉。“成功树”结出的果实是一个句号，更是一个叹号！

早上8时整，指挥大厅里传出了指挥员清晰的指令：试验进入“零点”计时，“5、4、3、2、1，点火！”

只见导弹拖着一股橘红色的火焰，呼啸着飞出了发射筒，钻到了云层里。

导弹沿预定航迹飞行了一圈又一圈，掌声一次又一次响起……

今天，一个强大的巡航导弹家族正在形成。2009年10月1日，中国的巡航导弹方队庄严地经过雄伟的天安门广场接受检阅。在2015年抗战胜利70周年大阅兵、2017年朱日和阅兵、2019年国庆70周年阅兵上，中国的巡航导弹一次次亮剑，让世界震惊！

今天，我国的巡航导弹如同金梭、银梭一般，穿行于华夏大地壮丽河山之间，编织着强军梦，支撑着中国梦，呵护着每个华夏儿女筑梦、圆梦……

瞄准科技前沿 引领仿真发展

张 盈

随着我国运载火箭等型号研究的迅猛发展，航天领域对新型研制保障手段提出了需求。

安全、经济、可控、无破坏性、可多次重复等优点使得仿真技术成为支撑先进武器系统和航天器研制的重要手段。被西方先进国家列在“国防关键技术计划”前列的仿真技术，在中国迎来了发展机遇。

一、初创北京仿真中心

20 世纪 80 年代，时任航天部二院二部主任陈定昌紧盯长远发展和前沿技术，力主尽快上马北京仿真中心建设。他上报了“工程建设设计任务书”，同年得到了国家计委、国防科工委批复。

1984 年，在二院一个废弃的球场上，北京仿真中心的奠基石被深埋在此。

陈定昌院士十分重视仿真中心总体及系统方案的策划和制定，从论证之初就重视一体化设计，瞄准世界先进水平，以

“三个鲜明特点”来引领建设方针和总体方案，即集防御武器系统、运载火箭和各种防空武器系统仿真于一体；总体技术和重要指标具有世界先进水平；密切配合型号需求，边建边用。

二、仿真建设高起点大跨度

虽然世界各国都在研究仿真，但对此十分保密，尤其是总体设计和支撑总体方案的先进技术，缺少可以借鉴的资料。怎么办？只有靠一个字：创！

徐乃明总指挥和方辉煌总设计师带领着陈训达研究员等一批优秀的人才，开始了自力更生、艰苦奋斗的仿真创业历程。

面对重重困难，这几十位高级专家，依照陈定昌提出的高起点、大跨度的原则，反复论证，经几年苦战，终于啃下了这块硬骨头，创造了毫米波微波兼容的“一室两用”的世界先例，为国家节约了3000万元，该实验室也成为我国射频仿真的“母”实验室，孕育和催生了后续的多个仿真实验室。

20世纪90年代初，北京仿真中心首任主任李伯虎带领北京仿真中心牵头，联合国内优势单位集智攻关，突破了一系列核心技术，成功研制了具有自主知识产权的体系对抗仿真支撑软件平台，两次获得国家科学技术进步奖。

21世纪，人类迎来了以智能制造为核心的第四次工业革命，李伯虎院士已经年逾八十，他积极推动了复杂产品智能制造系统技术国家重点实验室的建设，多学科虚拟样机分实验室初步建成，云制造和智能集成装配分实验室重点建设项目全面实施。

三、引领仿真技术发展

北京仿真中心建设工程于1993年通过国家验收，它是当时世界上规模最大、技术最先进的仿真群体之一，是继正负电子对撞机之后，我国科学技术领域中又一重大成就。

北京仿真中心牢记党和国家的重托，秉承国家利益高于一切的核心价值观，不辱使命，对推动我国新一代型号装备研制发挥了重要支撑作用。

今年是中国共产党成立100周年，仿真已经成为新一代型号装备研制不可缺少的工具，有力带动了国内相关高端仿真设备的研制和生产。仿真技术也从型号研制仿真发展到全生命周期仿真，从工程技术仿真发展到全方位管理决策支持仿真，从型号研制仿真拓展到信息化及国民经济领域仿真技术应用。

潮平岸阔，风正帆悬。嘉兴南湖上的小小红船已经发展为领航中华民族伟大复兴的巍巍巨轮，正沿着习近平新时代中国特色社会主义思想的航线乘风破浪。星辰与大海呼唤着北京仿真中心干部职工再次扬帆，踏上智慧仿真的新征程。

百年风雨路 航天报国梦

肖 鹏 陈 芒

忆往昔，峥嵘岁月。中国共产党已经走过了 100 年的光辉历程，百年的披荆斩棘，百年的风雨兼程，始终不变的是全心全意为人民服务的宗旨。在党的旗帜下，涌现出许多优秀的中华儿女，前赴后继，为中华之强盛而奉献青春与生命。而今，有这么一群开拓者，他们坚守岗位十六载，为的就是让航天强国梦早日实现。

2005 年，在于本水、陈德仁等院士的建议和中国航天科工集团的支持下，近空间飞行器研发中心诞生了，历经 16 年芳华岁月，团队从最初不到 10 人发展到现在几百人，浮空器也成为湖南航天的一张名片。从无到有，再到不断壮大，一路的攻坚克难成就了一路的硕果累累。

2008 年，那是突破系留艇领域从无到有难关的一年，这一年，近空间飞行器研发中心仅有十几人，没有齐套的生产线，没有精密的设备，更没有高端的艇库，研发中心所有人都是身兼数职，所有事情都是亲力亲为。从设计到工艺再到生产，从总装到维护再到撤收，高难度的技术攻关、高强度的体力劳动、昼夜不歇的数据测试，所有的艰难困苦都没让大家屈服。

2008 年的那次冰灾，每个人至今记忆犹新。

那年冬天，深夜的系留艇外场试验基地寒风凛冽。系留艇设备遭遇风雪，出现故障。没有专业的技能工人，研发人员只能自己冲在前，带上维修工具，蹲在 2 米高的登高车上抢修设备。

只见他们眉头紧锁，双手布满了黑色机油，专注让他们全然忘却了寒冷。

为了让湖南航天第一艘自主研制的系留艇在几天后的浮空器大会上完美登场，研发人员几乎不眠不休地工作，全力守护团队过去一年用心血做出来的系留艇产品。对他们来说，只有从地面看着它平稳升入万米高空才算真正的成功。

就这样，浮空器研发团队用了不到一年的时间，实现了系留艇领域从 0 到 1 的突破。

从系留艇到对流层飞艇，再到临近空间浮空器，通过不断探索，近空间飞行器研发队伍日渐完善。

2015 年，湖南航天远望科技有限公司正式成立。从此，团队成员走上对更高性能、更具应用价值的浮空器产品的研制探索之路。

新艇库拔地而起，新技术逐一攻破，新能力不断提升。2016 年，草原雄鹰试验队在试验过程中经历了雷暴、大雪和“狮子山”台风等各种恶劣天气的考验。

试验队提前防备，做好应对，用坚强意志完成了最后一个架次的校飞试验，不辱使命，获得圆满成功。

这份成功离不开每一个团队成员 118 天驻扎科尔沁草原的

坚守，最长的滞空时间、载重最大的飞艇……一次次的突破后是一次次的跃进。

时间来到2019年，8月的欧亚大陆腹地，焦砂烂石。一支车队载着远望总装团队在荒漠中前行，掀起漫天沙尘。在一望无际的戈壁上，在松软崎岖的盐碱地中，在九曲难行的河沟里……试验队员披荆斩棘，走着从没有人走过的路。在这里，他们要完成当前世界上最大、结构最复杂的飞艇总装及放飞试验。

飞艇的总体装配在紧张有序的工作中完成了，但就在放飞前3天，浮空器囊体充气完毕后，检验人员发现有一个内部气囊存在漏气现象。对浮空器来说，氦气持续泄漏意味着任务失败。

如果不能及时修补，飞行试验将立即取消，团队的全部努力就将付诸东流。试验队紧急开展检查，发现泄漏点在囊体内部。漏点接近、半空修补等状况都从未有过先例，这是项看似几乎不可能完成的任务——100多天的日晒雨淋、前期的研制心血，难道真的就要这么放弃吗？

项目负责人罗义平现场组织试验队的核心成员和经验丰富的老队员展开讨论，最终确定了修补方案和实施措施，那么，由谁来实施呢？

“让我来！我比较轻巧灵活。”操作工人谢毅挺身而出，主动请缨。为在放飞窗口前抢时间，他一直坚持，修补了整整8个小时。当完成修补工作时，由于身体和精神长时间高度紧张，他不禁一个趔趄坐倒在地上，“搞定了！”他坐在地上开心地欢呼。经过现场鉴定，隐患顺利排除，飞艇重获放飞许可。客户难掩激动之情，竖起大拇指："湖南航天浮空器团队真是太了不起了！"

5 个多月来，团队经受住了每天加班加点、高强度劳动的考验，克服了任务节点极度紧迫的压力，在荒漠风沙中经历一次次危急关头的绝望和绝地求生的勇气，攻破了一道道技术难关和壁垒，更收获了零故障放飞的成功。

到今天，浮空器在各个领域所取得的成就如雨后春笋般涌现，每一步成功的跃进都代表着湖南航天在航天防务领域画下的笔笔华彩，都记录着远望浮空器团队的默默付出。

百年风雨无可阻，航天逐梦揽九霄。值此"两个一百年"奋斗目标的历史交汇点，远望公司将继续怀揣航天强国梦，以时不待我、只争朝夕的步伐迈进，在打造世界一流浮空器的道路上继续前行。

昔日荒凉盆子坑 如今现代航天城

马 震

在北京的永定河畔，镇岗塔下，屹立着一座驰名中外的云岗航天城。这里过去叫盆子坑，是华北平原与燕山余脉相结合的一个偏僻小山村。它经历过明清时代的驿道、抗日的烽火、解放战争的硝烟和新中国成立后的新生。

1957年12月，2枚苏制P—2导弹和地面装备，以及百余名苏军导弹营官兵一起神秘地抵达北京市云岗西大院。

他们为什么来到了这里？

因为根据1957年10月15日中国和苏联两国政府签订《国防的新技术协定》，苏联将向我国提供几种导弹样机，派遣技术专家帮助我国进行仿制。同年11月，中央军委决定，由军委炮兵和国防部五院共同组建炮兵教导大队，为仿制生产导弹和组建中国导弹部队做准备。

历时1年零8个月，炮兵教导大队培训学员3000余人，为导弹事业培养输送了第一批骨干人才。而到了1960年，苏联政府背信弃义，撕毁协议，终止援助。对此，党中央、毛主席果断决定，要自力更生发展我国尖端技术。至此，我国完全走上了独立自主发展导弹之路。

1958 年 3 月，五院在云岗地区筹建空气动力研究所、火箭发动机研究所、试验站和天线实验场，并命名为 507 工程。1961 年 9 月 1 日，第五研究院三分院成立，统一领导云岗地区的科研单位和建设工程。

507 工程的建设任务约 50 万平方米，参加施工的有 1.5 万余人。经过施工队伍 5 年的奋战，整个工程顺利建成。在工业区，建设和安装了风洞、试车台等大型试验设备，还有车间、厂房、实验室、科研楼以及配套的发电厂。在生活区，建成了一批居民住宅楼群、医院、中小学、幼儿园、商店等，为广大职工提供了生活设施。

昔日荒凉静寂的盆子坑，变成了一座人丁兴旺、生气勃勃的航天城。

1964 年 4 月，国家主席刘少奇提出：“为打击从海上来袭的敌人，要尽快拿出岸舰导弹。”

1965 年 8 月，中央军委决定迅速开展岸舰导弹的研制。岸舰导弹被称为“起家弹”“争气弹”。三院人承担了此项重任，纷纷表示，“即使饿着肚子、拼着性命，也要把导弹搞出来”。

他们用智慧和汗水攻坚克难，仅用短短 5 年时间，就完成了设计定型，导弹研制成功，并开始批产、装备部队。就是在云岗这块风水宝地，我国第一型岸舰导弹、第一型空舰导弹、第一型超声速飞航导弹、第一型固体多用途反舰导弹、第一型潜射反舰导弹、第一型中程反舰导弹、第一型巡航导弹…… 一枚枚自主研发的飞航导弹从这里展翅翱翔。昔日盆子坑见证了穷乡僻壤翻天覆地的历史巨变，巍巍镇岗塔记录着三院人艰苦奋斗强军报国的辉煌历程。

如今的云岗，有气势恢宏的雕塑，现代气息的大楼，生态优美的环境，绿树成荫的院落，鳞次栉比的住宅，一应俱全的设施，琳琅满目的商品，宽阔整洁的马路，四通八达的公交……一座璀璨的现代航天城，矗立在世人面前。

一个终生难忘的金秋

杨树诚

如今，每当我看到各种媒体上巨浪出水的壮观画面时，都倍感欣慰和自豪，脑海中情不自禁地浮现出 1982 年那个金色的秋天。

1965 年，根据毛主席“核潜艇，一万年也要搞出来”的指示，巨浪一号潜地导弹立项开始研制。

潜地导弹是世界上先进的核打击力量之一，当时也是我军装备的一项空白。

该型号的研制工作一切从零开始，生不逢时、先天不足。研制队伍多次搬迁，研制资源和保障条件也极度匮乏，条件十分艰苦。

1982 年年初，具备了进行潜艇水下发射遥测弹的条件后，国防科委下达进行潜艇水下发射运载火箭飞行试验的任务和动员令，计划于当年 10 月实施。

该试验任务规模庞大、组织严密、周期长。参加试验的有数十艘各种舰艇，参试人员有 30000 余人。

整个试验的准备工作是从当年的 5 月底 6 月初相继展开的。先遣人员进场时，试验基地周边漫山遍野都还是正开着花的果树。

来自各方的参试队伍汇聚在这里，日夜奋战，有的同志不辞辛苦南征北战，许多同志都在试验基地连续奋战，近半年没有回家。试验基地的大厅里悬挂着周总理“严肃认真、周到细致、稳妥可靠、万无一失”的指示，试验的准备工作有条不紊地向前推进。

金秋时节，当山上的果树结满了丰硕果实，试验的准备工作也全部按计划完成了。

10 月 1 日，新华社公告的电波传遍了全世界：“中华人民共和国将于 1982 年 10 月 7 日至 26 日，从北部海区向以北纬 28 度 13 分，东经 123 度 53 分为中心、半径 35 海里的圆形海域范围内的公海上发射运载火箭”，多么光荣的任务，多么神圣的使命！

10 月 7 日凌晨，全体参试人员早早起床，按指挥部命令在军港码头集结就位后，大家怀着激动又带有些许忐忑的心情，驶向试验海域。

导弹按发射程序有条不紊地进行测试，午后 3 时许，总指挥下达了发射口令，这时乘坐在水面指挥舰、测量船、参观船上的所有人听到一声雷鸣般的巨响，导弹像一条巨龙冲出海面，点火升空。

正当人们要鼓掌欢呼庆祝发射成功的时候，导弹突然拐弯掉头，然后自毁。

炸毁的导弹像是一枚燃放的烟花，但参试人员觉得像是一颗被撕裂的心。大家凝视着远方海面上渐渐消失的烟火，呆滞无语，有的人还偷偷流下眼泪，参试人员都沉浸在懊悔、疑虑和痛苦之中，吃不下饭、睡不着觉。

第一发导弹发射失败后，距公告宣布的试验禁航日期截止仅10多天。全世界都在关注，这是国家的荣誉、民族的尊严……参试人员心里承受着巨大的压力。试验是否还继续进行？打不打第二发？是当时亟待、更是必须回答的问题。

天大的困难压不垮以黄纬禄总师为首的科研团队，在挫折和困难面前，他们没有后退，没有说“不”。当晚，在各种测量数据报到指挥部后，黄老总立即组织前方和后方设计人员分析试验数据，复现故障。

很快，各方面对故障有了共识，并在短短的几天内完成了故障定位、机理分析，制定了稳妥可靠、切实可行的修改和加固方案，并反复进行了验证试验。

在此基础上，黄老总决定按原任务方案继续进行第二发飞行试验。

他在向北京报告时说：“该考虑的我们都考虑了，该做的我们都做了，我认为已具备发射条件，不宜推迟，建议按时发射。如果上级决定推迟，我服从命令！”

片刻，北京回复：“我们尊重一线同志们的意见……”

收到回复后，全体参试人员倍受鼓舞。连续多日的昼夜操劳和艰难决策压力，使年近七十、身体瘦弱的黄老总显得更加消瘦，进入指挥所都需要人搀扶。

老人家虽然身体虚弱，但他的决策斩钉截铁，他的言行蕴含着非凡的感染力和强劲的号召力。10月12日，全体参试人员怀着必胜的信心和更加迫切的期望驶向试验海域。

下午3时22分，发射命令下达后，“巨浪一号”犹如一条巨龙跃出碧海，穿越晴空……

当指挥部广播传出“末区发现目标”“弹头命中预定海域”时，全体参试人员欢呼雀跃、相互拥抱握手。

几天来埋在大家心底的巨大压力像炮弹爆炸一样释放殆尽，失利的阴霾一扫而光，试验获得了圆满成功。

利剑出鞘，震惊世界！

这次“巨浪一号”试验的成功，标志着我国潜地导弹技术进入了世界先进行列。它填补了我国战略武器的又一空白，使我国具备了完整的二次核打击能力，大振军威、大壮国威。这次试验的成功也开创了我国战略导弹由液体向固体、由定点发射到机动隐蔽发射的新阶段，具有重大的历史意义。

试验成功后，中共中央、国务院、中央军委发出了贺电，祝贺我国海上发射潜地导弹获得圆满成功并指出：“这是党的独立自主，自力更生方针的又一胜利！”时任军委副秘书长的张爱萍将军即兴为“巨浪一号”试验成功赋诗一首：

体态天工巧，玲珑一代娇。

蓦地腾空起，威力震海魈。

1982年10月，“巨浪一号”研制团队和全体参试人员，有充满激情的期盼，也承受了失利的巨大压力和痛苦，最终收获了圆梦的无比喜悦。

那是一段非同寻常的岁月，是一个终生难忘的秋天。

八旬“老翁”的三线足迹

刘军红

“20世纪六七十年代，我当时正在内蒙古呼和浩特市389厂工作，领导告诉我们，一个车间选派一名骨干到鄂西深山远安县支援三线建设。我就是其中一个。”80岁的老党员吕银福回忆起自己参加三线建设的情景，我的思绪被他带到那个令人难忘的岁月……

一、荒野中谋生存

收到被选派支援三线建设的通知后，吕银福告别父母和妻子，背井离乡。经过近一个星期的颠簸，他辗转来到了位于鄂西山区的江河厂区（中国航天科工六院江河公司前身）。

吕银福被安排住进芦苇棚，七八个人睡一个木板搭的通铺，人挨着人。一遇到下雨天，芦苇棚里就变成一片“汪洋”。那个时候，惊叫声常常会在半夜里回荡在山间，要么是有人发现毒蛇钻进了被窝，要么是有人被蜈蚣咬了一口。

建设初期，厂里只有上班时间，没有下班的钟点。白天大家各搞各的“专业”，晚上不分干部职工、无论男女，一律都是

“装卸工”。

经常是在凌晨，基建工程所需的水泥终于运到了。一声吆喝，吕银福和同事一齐上阵卸水泥。

逢山开路、遇水搭桥，没有专业设备，大家就用自己的双手在荒地上打石头、筛沙子。那时吃的水是三道沟流下来的小溪水，人们将溪水进行沉淀之后，就用来烧水做饭。

尽管条件艰苦，但所有人热情不减，即使带病也坚持工作，因为大家有一个共同的信念——早日把三线建设好！

1972年，吕银福的妻子带着两个孩子来到远安，妻子和孩子望着芦苇棚，一时说不出话来。后来，妻子告诉吕银福，虽说当时做好了吃苦的准备，但还是没想到会那么苦。

由于诸多原因，工厂的建设到1984年才正式竣工验收。经过10多年的边建设边发展，工厂生产线也初步建成，具备了小批量生产能力。吕银福和家人、同事也搬进了新盖的家属楼。

二、困境中勇奉献

20世纪80年代中期，工厂面临没有生产任务的困局，工资发不出来，生活没有保障，还经常有一些客户到厂里催债，工厂领导不得不给人赔礼道歉。

那时厂里实在没办法，就劝职工离开厂子到外面谋生，可是没有人离开，每个人对厂里都怀有难以割舍的感情。吕银福曾在日记中写道：“我是一名军人，保家卫国、守护企业是我的职责，我愿为祖国和企业奉献我的一生。”

担任机加车间技术员期间，吕银福将所有精力投入到工作中，整天沉浸于技术研究。他主要承担设备非标设计任务，当时，没有资料，没有经验，吕银福为了尽快掌握技术要领、提升技艺，白天深入现场调研，晚上挑灯画图纸。运转不停的机器旁、昏暗的灯光下，总有他忙碌的身影。

那时，吕银福几乎没休过节假日，也没有娱乐活动，他最大的乐趣就是沉浸在技术工作中。同事、家人都说他是“工作狂”。

“工厂那时正是关键时期，我要多投入精力，为工厂作出一点贡献。”吕银福说。

日复一日、年复一年，吕银福将对事业的忠诚融入实际行动中。在 3 年多的时间里，他解决了 100 多项重难点技术问题，完成 1000 多份设计图纸，为工厂设备非标设计积累了经验，受到工厂领导的表扬。由于成绩突出，他从一名技术员逐渐成长为车间主任，后来又到机动部门担任主任，更是如鱼得水、游刃有余。

三、崛起中换新颜

20 世纪 80 年代后期，国家经济进一步好转，职工生活越来越丰富。1990 年，某型号研制成功，为工厂打开了新纪元，科研生产任务逐步增多，工厂终于迎来了春天。

1999 年，由江河人参与研制的、被誉为“杀手锏”的航天型号产品，在国庆 50 周年阅兵式上通过天安门广场，接受了党和人民的检阅。也正是在这年，吕银福退休了。看着这一幕，他眼眶湿润了。这是一批批航天人日夜兼程、呕心沥血的结晶，其中的泪水、汗水只有经历过的人懂得。

到了 21 世纪，江河厂改制为江河公司，新型配方研制的发动机获国家立项，装备祖国的国防事业，江河公司逐渐成为国内航天固体动力领域的重要力量。

从荒沟野岭到厂房林立，从建设阶段到拥有杀手锏武器，江河公司从无到有、从小到大、从弱到强……一晃 50 多年过去了，吕银福已 80 岁，曾经的年轻小伙转眼变成了白发老人。提及往事，他激动不已，仿佛几天几夜也说不完。

回顾过去的岁月，这位八旬老人感慨万千："企业壮大，我心情十分激动。我没有虚度此生，没有辜负党的培养。"

神秘的“七百七”

——长征一号运载火箭第三级诞生的故事

高银虎　杨春海

1970年4月24日21时35分，伴随着巨大的轰鸣声，长征一号运载火箭腾空而起，拖曳着一束耀眼的白色尾焰飞向浩瀚太空。几分钟之后，第三级固体火箭发动机接受指令点火，助推卫星入轨。21时50分，《东方红》乐曲声传回地面。

当晚，在漠南山沟一个叫“河西”的地方，人们尽情欢呼、雀跃，齐声高呼：“成功啦，我们的卫星上天啦！”激动人心的场面背后，闪耀着塞外航天人艰苦创业精神的光芒。

六院的固体火箭发动机生产起步于一条小型临时生产线，最初的产品直径也仅有几十毫米。随着攻关进程加快，产品越来越大，遇到的困难也越来越多，很多产品的研制都要经历漫长的攻关过程。

一次技术工作会议之后，大家接到了新任务：生产一种直径770毫米的产品。根据保密要求，没有人打听产品用途。按照习惯，大家称之为“七百七”发动机。

“七百七”发动机从起初的试生产就带着神秘气质。几乎所有人都感觉到了它的不同之处：每个生产步骤都抓得很严、很细，各个工序都开始定“规矩”、建“章法”，而且生产时“卡”得很严，必须根据文字描述的步骤进行操作。当时很多人并不知道，这就是生产工艺规程。要想精益求精，擦亮“航天”这块金字招牌，就必须有严格的规程。

生产基础薄弱，重要的铁质零件要靠人力一点点打薄，然后再上车床加工。设计人员靠着长尺、铅笔，用最“笨”的方法绘制图纸。技术人员计算数据时，先开始用算盘，后来用计算尺，再后来才用上了手摇计算机、电动计算器。

经过紧张的筹备，“七百七”发动机的重要组件进入加工阶段。由于进度要求极其紧张，唯一的一台车床只能日夜不停进行生产加工。为了抢时间，食堂专门送饭到生产现场，大家憋足了劲儿，“人停机不停”地赶工。有的单位还没有职工食堂，大家每天带着饭来加班，饿了，就吃一口冷饭。

当时，流传着一个“停电不停车”的故事：一次，正在喷涂绝热层，电动驾车转着转着，突然停电了。这时，喷涂层还没有固化，一旦停下来，产品就会报废。情急之下，几个小伙子七手八脚把皮带从电机上拆下来，用手拉着皮带旋转驾车，直到喷涂层均匀固化。刚停下来，他们一个个累得直接瘫倒在地上。

带头进行“七百七”发动机研制生产的是时任副院长、技术专家杨南生。一次，人们用爆破的方法进行机加工，产品做好了，但模子被炸坏了。这时候，恰巧杨南生来了，得知情况后他一直安慰大家不要气馁，失败了可以重来。听到杨南生一番话，大家心里都暖融融的。

1968 年 1 月 26 日，“七百七”发动机首次进行旋转试车。发动机竖立在试验台上，周围捆绑着几个小火箭以推动产品旋转。

事与愿违，点火 30 秒后，发动机突然爆燃，试车失败。熊熊燃烧的火焰刚刚熄灭，杨南生就带着负责绝热技术的几个“小年轻”冒着刺鼻烟雾和高温炙烤走上了试车台，近距离查找造成试车失败的原因。

那一次，大家在“七百七”残骸边足足蹲了 40 分钟，刺鼻的味道把几个“小年轻”熏得头昏脑涨，杨南生却自始至终没皱一下眉头。

接下来，就是反反复复地排查故障原因，一次次地改进和试验。在杨南生的带领下，经过一年的摸索，“脱粘”这个最大的难关终于被攻克，“七百七”迎来了黎明的曙光。

在之后的 19 次地面试车中，“七百七”表现优异，全部获得成功。1970 年年初，饱含固体创业者心血和汗水的“七百七”发动机正式交付出厂。

当长征一号运载火箭成功发射第一颗人造地球卫星东方红一号的消息传遍神州大地，当得知“七百七”发动机就是长征一号运载火箭第三级的时候，“河西”欢声雷动。人们热泪盈眶地聚集到一起，敲锣打鼓地抒发着心底的骄傲和自豪。曾经神秘的“七百七”发动机也成为塞外航天人用双手为中国航天事业树立起的一座历史丰碑。

火种 理想 使命

王超琼

20世纪六七十年代，中国航天科工六院601所第一个基层党支部在试车室成立，功勋试车台也刚刚建立不久，很快他们接到了要完成发射第一颗人造卫星东方红一号的运载火箭——长征一号三级固体火箭发动机的地面试车任务。

在党委的带领下，党支部的党员们想尽办法把大家的思想都发动起来。当时生活条件差，工作环境不理想，党委就给大家作精神动员，给大家传达中央的精神，发挥先锋作用，带领大家一起“啃硬骨头”。

山药蛋、窝窝头是一天的粮食，从白天干到晚上。大家或背着竹篓，或推着三轮车，一趟一趟从十里外的仓库把器材运回试验站。

袁书宗师傅在崎岖不平的土路上，一步一个脚印，为了运送器材，不知花了多少气力，洒了多少汗水。“我们就是要保证试验成功，不能被困难打倒。”在601所最早的政治学习笔记中记着这句话，包括党员在内的全体职工，迎难而上，越挫越勇。

“毛主席的战士最听党的话，哪里需要到哪里去。”歌声就像动员令，一台台设备仪器拆卸装箱，一批批人员打起背包，天南海北的大学生、工人、转业兵，把火种撒在戈壁荒滩，谱写着艰苦奋斗、自力更生的故事。

“从一个党支部到三个党支部，从几名党员到几十名党员，我们的队伍在不断壮大。”

1979 年动员教育大会上，动力站党委向全体干部职工传达了党的十一届三中全会精神，党委成员和各支部书记深入班组，和群众一起学习研讨。那晚的风刮得烈、卷着土，在空中竖起一道沙帘。几位女同志手拉手往试验工房走，半路被风吹散了，你喊我，我叫你，总算摸进了工房。

一进门，先打开桌子上的收音机，广播里说着“解放思想，实事求是，实践是检验真理的唯一标准。”她们边听边拍拍身上的尘土，揉揉眼里的沙子，坐下就开始学习。那时候白天抓生产、忙业务，利用晚上的时间学习政策，成为雷打不动的习惯。“我们不能停止学习，因为我们不仅要让‘东方红一号’飞上太空，更要让我国国防力量越来越强，这是我们不变的理想。”

在一次次试验的紧张和激动中，“航二代”们渐渐成为中坚力量，他们为了事业献出心血、献出青春，接续着老一辈航天人的理想。

就在“航二代”们埋头苦干的时候，功勋试车台旁边，一座高模试验台搭建起来，在一次次实践中，高模试验等复杂试验难题逐渐被攻克，固体火箭试验能力也在不断增强。

2020 年，“亮剑苍穹”青年突击队在功勋试车台上宣誓，为力保高模试验顺利完成，他们冲锋在前。这是从各党支部挑选出来的所里最年轻的党员组成的突击队。

试验前一周，大家干脆就住在所里。依据质量管理体系，熬夜召开工艺方案论证与评审会、安全风险分析与评审会……实时“盯着”试验架和各项设备设施，调角度、测数据，做好事前各项准备，以保障试验工艺质量可控。

“这一次试验成功了，我们更要争取下一次。年轻一代肩上的责任重大，如何提升技术水平为国防力量添砖加瓦是我们从未停止的追求。”党员郭畅说。

“我们走在大路上，意气风发，斗志昂扬”，建党 100 周年小合唱团的歌声飘进了功勋试车台、新试验台。伴着歌声，有试验成功的轰鸣声、有砌墙的砖瓦声、有技术谈论的朗朗笑声……百年风雨路，奋进新征程，601 所 14 个党支部、129 名党员、243 名职工正在各自的工作岗位上齐迈步。2021 年的春光无限好，春风吹进了党建阵地，吹艳了阵地上飘扬的党旗。

在布拖，有一面飘扬的党旗

张　卓

2021 年 2 月 25 日，习近平总书记在全国脱贫攻坚总结表彰大会上发表重要讲话，“经过全党全国各族人民共同努力，在迎来中国共产党成立一百周年的重要时刻，我国脱贫攻坚战取得了全面胜利。”回想着去年在四川省凉山彝族自治州布拖县的一点一滴，电视机前的我心情久久不能平静。

党的十八大以来，习近平总书记多次强调，消除贫困、改善民生、逐步实现共同富裕，是社会主义的本质要求，是中国共产党的重要使命。

“共产党卡莎莎（彝语，意为谢谢），习大大卡莎莎，航天建设卡莎莎。”2020 年年初，我有幸参与了布拖县的扶贫安置项目。这是项目执行期间，我们从彝族同胞的嘴里听到的话。

在群山环绕中，工人们马不停蹄地在现场开展着建设任务，项目管理人员奔走在各处进行技术指导，以及质量和安全检查，公司领导亲自下一线协调调度。这一片繁忙而有序的场面正是中国航天科工航天建设中航天公司承建的布拖县扶贫安置项目。打赢脱贫攻坚战是全面建成小康社会的一项艰巨任务，按期完工，让所有彝族同胞住进新房是我们不可推卸的责任。

项目期间，入职不到 4 年的我，一次次地被老一辈和新一代航建人身上的精神所打动，被他们散发的光和热所吸引。

“作为央企的一员，要有一颗党员的心，时刻向党看齐，积极响应党的号召。”老大哥李保军常这样对我们说。

在布拖，早晚温差大。来了不久，李保军腰疼和膝关节疼的老毛病就复发了。由于膝关节疼，他每天都带着护膝，这又导致了他皮肤过敏。我和他同住一屋，每天看着他饭后吃止痛药，看着他腿上斑斑点点的过敏痕迹，心里很不是滋味。可乐观的李保军总是笑呵呵地说着：“没事，没事。”

老同志侯海军，轻伤不下火线。他的脚以前受过伤，每天爬上爬下二三十栋楼，他只能靠贴膏药止疼。有时候我看着心疼，让他休息下，他总是笑着说：“坚持坚持就好了，就是比你们小伙子慢点。”

记得一次饭后，我和同事黄小文聊天的时候，得知他妻子的预产期快到了。听到这个消息，我们都佩服他舍小家为大家的精神。记得当时，我们问他：“来布拖，看不到宝宝的出生，后悔不？”他说：“不后悔，等孩子大了，我会把咱们在布拖的故事讲给他听，他会为爸爸感到骄傲的。”

老党员苏凤彦每次去工地现场都会带上糖果，发给当地的小朋友。在布拖县九都乡，他带头捐献书籍和衣物。直到现在，我依旧能想起当地孩子们围在他身边穿着新衣服、接到新书籍时兴奋的笑脸。

这是一群平凡的航天人，一群普普通通的建筑从业者，他们在各自的岗位上日复一日地坚守着，用自己的汗水实现心中的梦想。而这，就是中国共产党在央企身上播下的种子。作为央企员工，关键时刻要站得出来，危险时刻要豁得出去，执行重要任务，要吃苦在前、冲锋在前、勇当先锋。

在布拖的集中安置点门口，有一面飘扬的党旗。在布拖的日子里，我经常长久地注视着那面旗帜。

也就在 2020 年，我终于加入了中国共产党。入党那天，我在党旗下庄重承诺：我要将老一辈航建人苦干实干、报效祖国的精神传承下去，以航建人朴实无华、建设国家的雄心壮志开拓创新、努力作为，为实现中华民族伟大复兴的中国梦而努力奋斗。

为了谁

唐芳梅

2017年7月30日，内蒙古锡林郭勒盟苏尼特右旗朱日和。你，身披迷彩戎装坚毅行进，那是你第一次接受党和人民的检阅。

2019年10月1日，肃穆天安门前，徐徐前行的武器方阵中，第二次接受党和人民检阅的你阔步走近，在电视镜头前出现。远在贵州千里之外的中国航天科工航天江南，作为你的“缔造者”，他们欢呼雀跃，他们高唱国歌。

我不能说你是谁，
但我知道为了你，
雄关飞渡波浪涌，
大漠长空风云动。
为了你，
山河为碑，青山刻魂，
他们满腔热血吟唱铸剑无悔。

一

2006年6月，一份立项请示从北依大娄山南临乌江的红城遵义发出，关乎你最终是否能在设计师们的手下诞生。同年6月，当时的061基地（航天江南的前身）自筹资金，正式、全面启动你的工程研制，拉开了十年磨剑的征程。

“我们走了很多弯路。”唐总回忆的阀门打开了。那几年，难！怎么不难呢？最初开始研制时，由老总带着年轻人干，他没有做过论证，但他仍被任务推到了总体的岗位上，与他一起在实践中学习的很多技术骨干，是主力，同样也是学生。没有做过论证，很多问题他们无法在设计时预判。有时，他们认为这个问题2个月就能解决，可却在试验场耗了5个多月。

在试验场，上一次阵地是要看老天爷给不给面子的，大戈壁恶劣的环境加上试验攻关的反复，个中艰苦无以言述。

回想过程极为艰辛的那一次定型试验，他们却笑眯眯地咂咂嘴说：“从葡萄苗种下的时候进场，吃完了葡萄我们才回来。那一次，我们16发16成，开心！”

二

凛冬，戈壁。一个直径1米左右的大沙坑旁，蹲在一边的设计师小张颇为惆怅。这次检飞试验是对上次试验的补打，她就想着把残骸挖出来看一下破片效果，可惜没成功。“这个识别目标就像人戴眼镜，远了‘近视’，近了‘老花’。一到它的盲区，它就不理你了。”小张呵呵笑着说。

虽然此时笑得轻松，但在当年的一次试验中，因为一直没摸过底，小张几乎屏息20秒查看数据，不敢喘气。每每回忆起对于你的研制过程，每个设计师都能在脑海里记下一本厚厚的手账。

密密麻麻的雪花在高原半空旋转飞舞，田仁强抿了抿有些发紫的嘴唇，无心欣赏。这鬼天气！让他们在一天之内经历了四季变换，还是反反复复的那种。这几年，作为你的总设计师，老田乌黑的头发以肉眼可见的趋势变白。这么多年，看着设计师们为了你从论证、立项到设计、试验、发射，从姑娘小伙到而立、不惑，无数回挑灯夜战，无数次熬心费神。你都记在心里，调皮的你这次试验很懂事，圆满完成了任务。

三

春节前的试验场，零下 10 多摄氏度，所有人都在静静等候，几百里外，一个车队正冒雪赶来。经过设计师们优化后的你，被车间 24 小时连轴突击加工出厂后，正稳稳躺在车队中，飞速奔向他们。

这次试验赶在春节前几天，为了你，试验场的同志把回家的车票改签后又改签，很多人都在怀疑这次试验能否如期完成。

临春节放假前，航天江南贵阳总部大楼 1 楼大厅 LED 显示屏上，大大的红字传递出年前最喜悦的消息：“祝贺某型产品两发两成，外场试验圆满成功！”你在春节前再一次争气地打了一场漂亮仗，而他们，成了当年最后一支撤场回家过年的团队。

优化，是为了让你更完美，是为了他们每个人肩上那份沉甸甸的责任。幸不辱命！简单四字，重如千斤。为了优化你的偏离度，仿真设备前堆了厚厚一摞纸，随便抽出一张就能看到 15 种不同轨迹的记录，每种轨迹他们需要进行 50 次仿真试验才能确定最终结果。记录完一张纸平均要试验 750 次，而那一摞呢？

四

2020 年，是极不平凡的一年。而你，在无数设计师们相继接力、不断优化的培育下，变得更加成熟和稳健。

这一年，升级后的你又一次划出一条近乎完美的弧线，直接命中目标，创造了航天江南飞得最高、打得最远、打得最准的多项纪录。这一年，你抽检飞行试验成功率百分之百，创下了一次航天江南打得最快的纪录。这一年，在演训中，基于你的一贯表现优良，用户给了你效能比最优的高度评价。

大浪淘沙始见金，
数十载风雨兼程。
我不能问你是谁，
但我知道，
为了你，
他们铁肩担道义，
热血铸忠诚，
不破楼兰终不还！

从“新”出发向着更高处

杨谕融

凌晨，某试验场，零下20多摄氏度，一场围绕型号试验的可行性评估正如火如荼地展开。作为中国航天科工航天江南十部的“生命工程”，这个全新型号“从头到尾都是创新”，难度着实不小，而留给队员的时间并不多。从项目竞标到试验验证，780多个日夜，十部型号项目团队坚守在没有硝烟的战场，攻下“山头”、蹚过“险滩”。

一、一张“入场券”的由来

晚上，时针早已走过数字9。

会议室里，环视片刻后，老文拍了拍手掌示意大家安静下来，“不能一锅粥，这样一晚上都定不了。”“大家只讨论今天的问题”，有人附和。但很快，会场内又三三两两争论起来。这样的场景对大家而言，已是家常便饭。作为型号项目负责人之一，老文笑称，自己的办公室在7楼，办公地点却在3楼会议室。

视线拉回到2018年，十部总体室接到用户发来的一个通知：可能会开展某项目研究。而这个项目正是他们当时关注的重点。为抓住机遇，拿到新项目“入场券”，从 2018 年 10 月底开始到 2019 年 7 月，十部相继投入 30 多人，奋战近 9 个月。

接到电话的时候，康副主任设计师与队员刚登上回贵阳的飞机，用户在电话里跟她说：“报告还要再修改一下。”于是她二话不说，立马下飞机赶去协助用户。“用户紧张，我们必须更紧张。”面对刨根问底的用户，她和同事每日奔走沟通，主动对接需求，直至凌晨。

想要用户支持，就必须用数据说话。十部项目团队在北京 3 次闭关写报告、审报告、改报告，进入无限循环的节奏。几十本投标书，每日数万字的阅读与编辑，每个人都像上了发条，最终交出了让用户满意的方案，拿到了参与竞争的“入场券”。

二、17 个月，创造“两项纪录”

按照以往同类产品的研制经验，完成同阶段关键试验的总装准备大概需要 6 个月的时间，而 2 室队员只用了 2 个月。这 2 个月里，他们频繁辗转贵阳、北京、襄阳、遵义多地，每人每月的加班时间都超过 100 小时。

实现产品某基础部位从二代到三代的迭代，是 4 室队员重点攻关的问题。他们从供应方和设计方法两个角度入手，反复研究论证……

"实现6个传统型号设备一体化集成"，这样的类比看似简单，但实现过程却很复杂。5室队员不仅要掌握本专业的知识，还要去深度学习其他专业知识，以便为产品搭建一个性能更好、更稳定的一体化生态。

用了一年多时间，完成从型号立项研制到设计交付部分产品，创造了十部产品研制进度最快、飞行速度最快两项纪录，这在十部型号研制历史上是从来没有的。

三、从"旧我"到"新我"

"一直处于高压状态，不能有任何闪失。"项目负责人老万这样概括两年来的攻关工作。伴随着型号的研制，被改变的还有研制人员的生活。

老文此前负责的是成熟的系列型号，在一个领域干了近20年，"做事情驾轻就熟，不用那么费劲"。但负责该型号以后，他几乎没有休过周末，更别说法定节假日。项目调度小张说，在研制过程中，不少从未接触过的新问题如同空气般让人看不见、抓不住。有时候，明明之前一切进展顺利，却突然遭遇失败，又得重新开始学习、试验……

让研制人员庆幸的是，尽管也是"学习者"，但大家对研制越来越有信心了。"不管博士还是硕士，到了这里都是战士。"新入所的同志耳濡目染，站上这年轻的战场。迭代，成长。目前十部基于项目成立的突击队有9个，通过各分系统"一老带一新"的尝试，许多年轻设计师逐渐成长，多个成员已经成为专业技术负责人。

“俯视天花板，总有更高处”，这是十部型号项目团队一以贯之的工作思路。面对后续愈来愈难的攻关任务，他们始终奋起直追、突破自我，一项项去攻破，一步步朝既定目标大步迈进。

我的扶贫故事

郑席强

初春的早上，太阳刚刚升起，我习惯性地来到村室外转转。

远远地，彭大姐提着一个小布包快速向我走来。走到跟前，她用方言对我说：“听说你们的扶贫工作快结束了，感谢扶贫队3年多来对我们家的帮助。”

边说，她边从小布包里拿出几双绣工精美的鞋垫。彭大姐特意强调，这鞋垫是她亲手做的，不是花钱买的，想给扶贫队的人留作纪念。说完，彭大姐就把鞋垫塞到我手里，快步离开了。

看着彭大姐渐行渐远的身影，我不由得回想起了2018年年初来松溪村时的情景。

一、挂在篮球架上的手机

在湖南省湘西土家族苗族自治州保靖县西北部，有一个小村庄。一条清澈见底的小溪流穿过整个村庄，小溪的两边都是松树，全年青绿挺拔，由此得名松溪村。

2018年3月9日，我作为中国航天科工湖南航天管理局第二批驻村扶贫工作队的一员，正式入驻该村，并担任扶贫队长兼第一书记，开展扶贫工作。

我清晰地记得进村的第一天，路上的无数次会车、倒车。距离县城仅16公里的山路，我们开着中巴车行驶了近一个半小时。我也清晰地记得，那天晚宴洋溢着土家少数民族特有的热情。村支书喝多了，高兴地与我们说着他对接下来工作的期盼。

走访了一段时间，我对松溪村的了解逐渐深入。我原本以为对生在农村、长在农村，有着13年军旅生活的我来说，驻村工作不是什么艰巨任务，但在亲眼看见村里的情况后，我才真正明白了什么是“深度贫困”——当时的松溪村更像是我老家农村在20世纪80年代的状态。

在册1000多人的村子，实际上只有200多名老人是常住在村里的。那时，村里的大多数村民住的都是年久失修的木房，且家家户户都住在山坡上。

一些村民家的下山路还没硬化，一到阴雨天，车辆就无法通行。做饭时，村民就在地面火坑上架个三脚架，上面放口铁锅。而且，村里的厕所都是和猪圈修在一起的。

村里信号不好，本来我的手机只装着移动手机卡，到了村里只能当手表用。我只好又去办了一个电信的手机卡，信号稍微好些。

平时走访村民时，我便把手机套个塑料袋，挂在村室外面一个信号好些的篮球架上，回村室后，再查看未接电话号码回拨过去。

二、我们航天人，特别能吃苦

初到村里，恍若与世隔绝，我心中最初的热血偶尔也会凉一会儿。起初在我看来，大家应该是争着脱贫的。但有些村民明显已达到了脱贫的标准，仍然不想脱贫，有些农户明显家境较好，却抱怨没被当作贫困户得到照顾。

为了加强与村民的沟通交流，我们扶贫队除上门走访外，充分利用村民微信群这个平台，与那些在外工作的村民进行沟通，宣传和解答党和政府的扶贫政策。

3年多的工作时间里，我们如期完成了精准扶贫工作任务和目标，健全了“村支两委”班子；建起了全新的村党群服务中心和活动广场；村里户户通了水泥路、自来水；落实了农村电网、通信信号升级改造；完成了路灯亮化改造、危房改造、厕所和庭院硬化等环境改造。

通过一系列精准帮扶，村里的贫困户已全部脱贫。全村生活环境、质量有了明显的改善和提高，松溪村已正式从贫困村“出列”。

三、感谢你们不放弃

“嘀、嘀、嘀”，手机里来了一条村民发来的信息，我点开一看，内容是这样的：“感谢你们对松溪村的无私付出。这几年回家真是一年一变化，我们的生活也越来越方便了。我们村民有时候配合不到位，你们的工作确实很辛苦、很为难。感谢你们不放弃，谢谢！感恩。”

回想3年前来时的场景，回想村里按原计划顺利实施的工作，我心中特别欣慰。

回想我的扶贫工作，我深感脱贫攻坚是一场硬仗，而深度贫困地区脱贫攻坚是这场硬仗中的硬仗。

作为航天人，我能有幸参与和见证这场脱贫攻坚战的伟大胜利，感到光荣且自豪。

我们的驻村扶贫帮扶工作仍在继续。正如习近平总书记强调的：脱贫摘帽不是终点，而是新生活、新奋斗的起点。在巩固脱贫成果与乡村振兴衔接为重点的驻村帮扶任务面前，我们必将继续以实际行动，彰显中国航天科工及湖南航天作为央企履行社会责任与担当的风范，向建党100周年交上一份满意的答卷。

航天赤子心

张军生

我的父亲是老航天，在航天战线工作了一辈子。整个童年时代，我的小脚丫子跟随父亲，从东北的一个普通县城，踩到了北京永定路，又到了邵阳洞口，最后来到了岳麓山脚。

我的航天梦，跨越了中国大半个地图，在不同的风土人情中酝酿发酵，年纪越大，反而越发清晰。

一、渴望飞翔的禾苗

从我记事开始，每当大人们提起我的父亲，就都很钦佩和羡慕，说是在航天工作，是“保密”单位。但是父亲每次回家探亲，却很少与亲戚朋友提及工作上的事，即便有人问也就随便应付一下，从不多说一个字。记得有一天，我出于好奇非要和父亲一起去上班，父亲没多说什么领我就走。快到厂区门口时，我远远就看见大门两旁有解放军叔叔笔挺站立着，手里握着上着刺刀的钢枪，表情严肃。上班的叔叔阿姨们无论手里拿着什么都要在解放军叔叔面前亮一下，才被允许进门，可谓是戒备森严。

在距离大门还有五六米远的时候，父亲停住了脚步，在我耳旁小声说：“看见解放军叔叔站岗了吗？这是保密的地方，进出要有出入证，小孩儿是不准进去的。”正在我不知所措的时候，父亲直接把我领到解放军叔叔旁边，让我等他到单位请假后再将我送回家。从此以后，我再也没有闹着和父亲一起上班了。过去了很多年，父亲才时而说起，那里曾是导弹武器系统的生产加工基地，存有国家的重要机密，万一被敌人知道了可就坏事了。从此，我幼小的心灵里对“航天”两个字又多了一份神圣和敬畏之意。就这样，在父亲的影响下，一颗种子在我的心里慢慢地成长、生根、发芽。

二、心火将前路照亮

1975 年，父亲响应党中央号召支援三线军工建设举家搬迁，我和两个弟弟随父母亲一起来到了位于湖南省洞口县的 068 基地 7804 厂。从冬天天寒地冻的东北来到夏天骄阳似火的湖南，我开始了在山沟航天大院的成长历程。

当时的工厂沿着山沟分为 1#沟、2#沟、3#沟，除工业区外，还有食堂、商店、幼儿园、学校等设施。一到放假，我们都会去农村帮助农民伯伯抬秧苗、捡稻谷，或者去工厂车间参观和捡废铁。最开心的要数军训了，班级全体同学集中训练一个星期不准回家，由解放军叔叔任教官每天进行队列训练，晚上熄灯后还要搞紧急集合，有的同学把上衣和裤子都穿错了。军训最后进行真枪实弹射击，每个同学发 3 发子弹，用半自动步枪，距离靶标 100 米进行射击，我打了 26 环优秀，受到了教官的嘉奖，又多了打两发子弹，真是又激动又开心。

最后一天，我们围坐一圈，听教官讲黄继光、邱少云、董存瑞和雷锋的故事，边听边偷偷抹着眼泪，心里都燃着一团火。至今我还记得，同学们在阳光明媚的早晨，一一表达自己的梦想——有的人想当老师，有的人要守卫边疆，还有的人想搞发明创造，让祖国变得富强起来。而我，则立志加入湖南航天成为一名航天人。

三、赤子心报家国情

最美好的青春，当然要献给最宏伟的事业。我大学毕业后就加入了湖南航天，在 068 基地一干就是几十年。20 世纪 80 年代，068 基地是航天系统三线建设中的最后一个基地，也是国家 640 工程的中流砥柱。由于国际形势转好，中国国家防御战略发生了转变，068 基地不可避免地受到了影响，尤其是军品任务也没有了。一时间为了生存，068 基地所属各厂开始尝试开发民品，计算器、洗衣机电机、电动自行车、电褥子、电子琴……用这些民品摸索着前方的路。1993 年，068 基地在国家“调整、改造、发挥作用”方针指导下，没要国家一分钱，开始了第二次创业，并整体搬迁至长沙市。

从 1992 年开始，我被单位借调到北京航天兄弟单位工作，参与了一些军品型号导弹的生产装调工作，为日后的工作积累了宝贵的经验。1999 年，068 基地调集技术力量开始研发导弹的制导设备，专业技术术语叫“惯性导航系统”，通俗讲就是导弹的眼睛，导弹打得准不准就靠它。这是 068 基地自创建以来，自主研发的与国家重点武器型号配套的军品项目，我有幸成了其中的一员。从 2001 年 3 月至 2002 年年初，研制团队经过近一年的努力，克服了重重困难，产品经历模样、初样、试样各个阶段的生产、测试、验证，终于迎来上弹飞行试验。听说自己亲手设计、加工、测试、装配的军品就要进场打靶，大家的心情既兴奋又忐忑。

为了这一天的到来，我们几十人的团队一年来不分白天黑夜工作在生产加工现场。我负责关键零部件检测，为了给零件加工争取时间，就在检测室等待随时检测。困了、累了就躺在地板上打个盹，饿了就泡碗方便面吃。遇到问题，大家就开“诸葛亮会”，积极出主意想办法，千方百计确保拿出合格的产品。我清楚记得，那天下午 4 点多的时候，办公楼前响起了礼花鞭炮声，问了别人才知道原来是前方靶场靶弹准确命中目标，飞行试验获得了圆满成功！听到这个喜讯，我和同事们都兴奋得跳了起来，彼此相拥而泣，泪水模糊了我们的双眼：“我们 068 基地的航天人也能研制生产军品了！老一代 068 航天人的军品梦终于在我们手中实现了！”如今，068 基地已开发出与多种惯性制导系统，在航天装备、新材料、环保系统工程板块的产品覆盖了惯性制导、浮空器、磁性材料、特种防护材料、轻质高强度铝合金材料、新材料检测评价、环境治理工程领域。父亲那一代航天人的梦想，在我们手中成了现实。

四、翠林新叶显芳华

习近平总书记指出：“我们要建设的社会主义现代化强国，

不仅要在物质上强，更要在精神上强。精神上强，才是更持久、更深沉、更有力量的。”人无精神不立，国无精神不强。人是要有点精神的，最重要的是要有自信、自强、自立的精神品格，只要我们自信、自强、自立，就能干出一番事业，闯出一片新天地。成功并不难，只要认准目标，锲而不舍，平凡的人也可以创出不平凡的业绩。中国航天事业 65 年来，经过一代一代航天人的不懈努力，实现了发射第一颗人造卫星、第一颗弹道导弹、第一颗潜射弹道导弹的突破和载人航天翱翔宇宙、完成嫦娥奔月之旅的梦想，不仅展现了中华民族勤劳智慧的精神风貌，更标志着中国正由航天大国向航天强国迈进。

我是航天人的后代，从小受航天文化教育，长大后跟父亲一样也成了一名航天战士。女儿小时候我经常教育她，要继续发扬航天光荣传统，传承航天精神，为航天事业发展、建设航天强国、实现航天梦、中国梦而不懈努力！现在，这面旗帜交到我的女儿手里。我希望有朝一日，她能够像我一样，挺起胸膛，自豪地说：“我以航天人为荣，以从事航天事业为傲!”

青云之志，始于少年，历久弥新！愿越来越多的人投身航天事业！

我和我热爱的航天事业

刘海洋

今年是中国共产党建党100周年，在这个重要的时间节点，通过对党史的学习，对航天史的学习，我深刻意识到，在中国共产党的正确领导下，在习近平新时代中国特色社会主义思想的指导下，我国的航天事业发展取得了巨大的进步，作为一名航天人，我感到由衷的骄傲和自豪。

作为一名在世纪之交参加工作的航天人，我不断见证着中国航天的进步和荣耀，自身也有些记忆尤深的时刻。

还记得小时候，我仰望星空，总在想星星上有什么呢？后来我上学了，知道了美国把人送上了月球，心里憧憬着，我们中国人什么时候能上到月球呢？巧的是，本科毕业时我在校园招聘会上转了一大圈，将简历投在了南京晨光机器厂的招聘展位上。从此，我就和航天结了缘。

当时的我没有想到，从事航天相关的工作会那么艰辛，任务会那么急迫；更没想到，自己会成为新的航天发射场的建设者之一。原来，发射任务的成功会让一个人激动落泪、欢呼雀跃，发射任务的失败会让人伤心落泪、彻夜难眠。

2006年1月12日，我负责发射场扩容项目地面设备投标技术答辩，谁知刚下火车，我接到家里电话：“父亲病危，速回。”

同行人员都劝我，赶紧回去吧。可由于投标有时间限制，来不及替换技术人员了，我就先去投标并进行技术答辩，结束后才立即往家里赶。然而天公不作美，当天北京机场出现大雾，早班飞机一直延迟到中午才起飞。我到家后看到灵堂已经搭起来了，眼泪不自觉地涌了出来。我知道，我回来迟了。没有见到父亲生前最后一面、说上最后一句话，这是我毕生的遗憾。但航天任务有着分秒不差的要求，这是作为航天人一脉相承的“常态”。

2011 年的“十一”假期，我们一家开车赶回老家，由于路上堵车，凌晨才到。当天傍晚我接到电话，说给卫星发射中心配套的液氧罐子疑似出现了泄漏。

因发射在即，我必须紧急赶往现场，参加问题分析会，及时修复故障。当时家人还有点情绪，“都 4 年没回家了，才回家就要走，能不能拖一下？”但是任务紧急，不能影响发射，我只能第一时间出发赶到现场。

我到了以后，去看了现场，又查阅了操作记录，同时对罐子的外观进行了检查，基本确认罐子没有漏，应该是操作的问题。后来，通过控制增压阀的开度，压力就慢慢地增上去了。

原来，在任务前空档期，罐子进行了检修，检修后增压阀的开度太大，导致增压时进入增压器的低温液体量大，没能及时汽化，未充分汽化的低温液体冷却了罐内的气相空间，导致罐内压力下降。

这次，我用自己的专业知识解决了设备故障，得到认可，并及时总结经验，在操作说明书上重点增加了增压阀操作的注意事项，此后类似的问题就没有再发生。

值得自豪的是，我参与了海南文昌航天发射场的建设。我们中国航天科工航天晨光在发射场建设中共有 11 个合同任务。项目从 2011 年 7 月开始，一直到 2019 年长五遥三顺利复飞成功，历时 8 年。

其中，我印象最深是长五首飞任务，虽然过去 5 年了，首飞的场景仍历历在目。那是在 2016 年 11 月 3 日，应发射场的要求，我们作为保障团队到发射场进行液氢加注设备和加注系统的现场保障。液氢加注系统保障团队是最后一个撤离发射现场的队伍，在倒计时 1 小时返回到安全区域，现场观看长五首飞。

当日 19 时，我没有听到熟悉的倒计时口令，不知道发生了什么，所有人都在焦急等待。后来我们得知发射推迟到 20 时 40 分，可眼见就要过了发射窗口期了，还是没有听到倒计时指令。

又过了 2 分钟，1 分钟倒计时开始了，但是在应读 10 秒倒计时前，又从 1 分钟倒计时开始了。最终，点火口令定格在 20 时 43 分。然而过了几秒，我们还是没有看到发动机点火。

当时，我以为出问题了，心里十分不安。又过了 10 秒左右，我们看到发射台上的火箭下端冒出了火光，800 多吨的“大家伙”缓慢离开发射台，并逐渐加速，耳边传来空气被撕裂的声音，火箭也越飞越高，飞进了云层，只留下隐隐的轰鸣声。

过了大概半小时后，传来了发射成功的消息。发射场所在的整个小镇都沸腾了，不知道为什么，我也禁不住流出了激动的泪水。

探索浩瀚宇宙，发展航天事业，建设航天强国，是我们不懈追求的航天梦。我愿继续砥砺前行，在自己的岗位上不断发扬航天精神，继续奋斗，为我热爱的航天事业作出一个航天人应有的贡献。

渭水河畔，那段激情燃烧的岁月

汪 霞

这里，是中国西北，灵动里的繁华，繁华里的苍凉，既是厚重的，又是多彩的。而我们的故事，就发生在一个坐落于中国西部甘肃中部的小县城。

早在六七千年前，仰韶文化沿渭河西传陇西，开启了渭水文化的第一缕曙光。历史上的陇西，的确是一个值得探究的地方。论山，巍巍陇山，峰峦雄伟；论水，汤汤渭水，物阜民丰；论历史，前承老子，后启李唐；论文化，博大精深，源远流长。问渠那得清如许，为有源头活水来。

在这钟灵毓秀、人文荟萃的古城陇西，中国航天科工航天宏华所属甘肃宏腾一路走来，经历诸多艰辛。2019 年我初入职甘肃宏腾不久，便有个疑惑一直在心中：为什么宏腾的干部职工能够如此忠诚，奉献担当？后来，我听说了“三线建设”这个词，我想，我找到了答案。

岁月的车轮，碾过时间的路，滚过记忆的长河……

1964 年，中国在西部地区的 13 个省、自治区开展了以战备为指导思想的大规模国防、科技、工业和交通基础设施建设，这就是历史上有名的“三线建设”。

党和政府一声令下，几百万建设大军浩浩荡荡地向西部迁移，来自祖国各地的建设者们一路旌旗飞扬、浩浩荡荡，向渭水河畔、陇山脚下进军。

在“备战备荒为人民，好人好马上前线”的号召下，支援“三线建设”的老工人、技术员、转业兵和知青小将离开了繁华喧嚣的城市、养育他们的故土，穿过五千里山和水，越过五千里云和月，奔向了那段属于自己人生中激情燃烧的岁月。

建厂初期，条件是非常艰苦的，荒漠的乱石滩上先建起了职工食堂，厂房和住宅楼依次紧张地建造。他们临时住的是干打垒的土坯房，为了抢时间早日建成投产，大家伙儿边设计、边建设、边生产。

现场没有起重设备，就用滚杠、倒链“人抬肩扛”完成生产设备的运输安装；天寒地冻，设备启动不了，操作者伸不出手来，就在设备旁燃起煤炉提高温度；厂房没建起来，就在大食堂里架起机床，生产场地不够，就围起芦席棚，接上电源启动设备。“大食堂里摆战场，芦席棚中闹革命”就是当时情景的真实写照。在如此艰苦的条件下，建设者们克服了重重困难，生产出了第一批战备机床。

那些年，为激发职工的生产热情，掀起更大的生产热潮，每年的元旦前夕，厂里都要开展“零点起步”活动。各生产车间、工段班组都做好生产准备，戈枕以待，元旦钟声响起时，机床轰鸣、铆焊叮当、天车飞翔、锻锤铿锵……

历史对于旁观者来说是一段故事，但对于亲历者来说，却是切身的喜悦和悲伤。一代代的传承，铸就了甘肃宏腾干部职工忠诚奉献的高贵品质，这是一份无形的财富与力量。如今，甘肃宏腾继续涌现出一大批为企业繁荣振兴作出突出贡献的党员干部，而这一切，都源自爱：对党的敬爱、对国家的热爱和对事业的钟爱。

从北大未名湖到南京月牙湖

翁恩聪

1960年4月5日上午，北京大学教务处下达通知，要求我们几十名被抽调的同学第二天到国防部第五研究院报到，去从事国家急需的科研工作。

当时的我们没有多想，第二天清晨，我们带上简单的行李，与电子物理班的同学们告别，随后便在一片欢送声中乘上了来接我们的大卡车。

告别了美丽的未名湖，我们迎着朝阳随卡车疾驰。车上的我们兴致高昂，齐声唱起了歌：

天空里飞翔着成群的大雁，它们去寻找南国的春天。年轻人也要远走高飞，告别了爹娘和家园……

半个小时后，卡车驶进了五院的大门。同年8月1日，我们穿上了崭新的中国人民解放军军装，庄严地宣誓参军入伍。从此，我与导弹武器事业结下了不解之缘。

刚开始工作时，由苏联专家给我们讲课。1960年9月中苏关系破裂后，苏方撤走了在华的全部专家，于是研制我国第一发“地—地遥测弹”的重任就落在了我们这些年轻人的肩上。

在全弹总装测试完成后，我们到试车台观看发动机全程点火试验。那天，聂荣臻、张爱萍、钱学森等许多领导同志亲临现场观看。当时试验结果十分理想，聂帅兴奋地对我们说：“你们可以早日去基地执行飞行试验任务!”

那年冬天，我们乘专列从北京出发，经过几个昼夜的奔驰，抵达了发射基地。第二天凌晨 1 时许，我奉命爬上在寒风中摇晃的工作梯台，对十几台弹上设备逐一通电检查。在低温环境中工作了近 2 个小时，我冻得上下牙齿直打战，直到回厂房向首长报告检查结果时，还是浑身发抖。

指挥长一声令下，地面上产生轰雷般震耳欲聋的巨响。扩音喇叭中传来导弹起飞成功、已转入程序飞行的好消息。我们欢呼雀跃地从地下室冲上发射场，亲眼看见导弹拖着明亮的、长长的尾焰在漆黑的夜幕下飞向远方。

随后弹着区传来消息：导弹命中目标！整个基地喜气洋洋，一片欢腾。当时，基地领导下令食堂将 100 多个肉罐头全部打开，倒入几口大锅，让参试人员吃了一顿丰盛的晚餐。

1984 年，又是一年春夏，我被调到航天部南京 8511 所工作。

作为刚组建不久的国防新生力量，我们所区在南京城南的农用地边上。缺人员、缺任务、无固定场所，我仿佛又回到了在大漠里搞遥测弹的日子。“自力更生，白手起家”，我们沉下心、干实事，工作不分分内分外，做科研也干后勤、搞基建，进杂草丛生的建筑工地，住四处透风的芦席棚子，用自己的双手建起了 8511 所一栋栋办公楼和宿舍区，在明城墙下、月牙湖畔扎下了根，站住了脚。

数十载春华秋实，午梦间光阴一瞬。而今的中国航天事业，早已非当时当日之景，作为航天人，我们永葆初心，永远不变！

我的眼泪

刘德琨

“1 分钟准备，牵动，点火！”指挥员一声令下，导弹在夜空中腾空而起。

“捕获目标，加力矩，转自动！”话到，手到，我按下力矩键，将红色开关推向自动跟踪挡。

设备车外，乳白色随动框架上 3 个光学镜筒仰起头，随着飞行的导弹平稳转动。

设备车内，导弹显现在荧光屏中央，随着时间的推移，荧光屏上的导弹已变成一个小亮点。

“胜利在望。”我想，脸上露出笑容。

突然，荧光屏上漆黑一团——“目标丢失，试验失败。”我心中“咯噔”一下，仿佛瞬时被人捶了一拳，喘不过气来。

我使劲睁开眼，只见漆黑一片，我翻了个身，清醒过来——原来是梦。回想着梦中的情节，我睡意全无，感觉眼角湿润。

唉，又流眼泪了。

不知什么原因，退休以后，我的眼泪越来越多了。是人老了，眼窝浅？不，浑浊的老泪是从心底里流出来的。

我国的双航母、探月工程、战机巡航台湾岛……我都曾为之流泪，特别是“北斗”定位，卫星“指路”，更令我激动不已。

20世纪90年代，我和同事们钻深山、踏戈壁，参加了几十次导弹外场试验和军事演习，执行跟踪导弹、预报落点的任务。

这种任务的第一项重要工作就是跟踪设备要精确定位。可我们每次定位总有一种“憋屈”的感觉。

“咱们用的仪器，接受的定位信号都是别国的吧？”一次，完成了一个站点定位，我问张排长。

张排长一边收拾仪器和工具，一边回答：“是啊，现在定位方便多了。咱俩，10分钟就完成了，精度还高。”

“那他们会不会捣乱啊？”

“那没准，可是没办法啊，咱们没有定位系统啊。”

“那要真打起仗来，怎么办？”我认真地问。

张排长叹了口气说：“唉，那咱们损失就大了，这可是‘卡脖子’的技术，一个国家的硬实力啊。”

真令人失望，没有一点硬气。

如今，我们可以挺直腰板，不怕外国人捣乱了，我们有BDS了（中国北斗卫星导航系统）！

流泪是常事，没有什么可值得书写的。但泪水不仅是咸的，它还包含着丰富的情感。

几千年来，特别是近代以来，中国人流的悲伤、屈辱的泪水太多，可以汇聚成河。

新中国成立以来，在中国共产党的领导下，发生了天翻地覆的变化，祖国强大了。现在，我们流的大部分是高兴、兴奋、感激和期盼的泪水了！

40 年，我与航天事业共成长

王南石

每个人的职业生涯都是一本书，我旅程的起点始于 20 世纪 80 年代。1978 年，我进入南京晨光（现中国航天科工航天三江南京晨光）技工学校学习，两年后进入我们工厂工作，成为一名伺服机构生产线上的技工。

回眸过去，我从技校生到学徒，再到技术能手，从工人到工艺员，再回到工人岗位。无论岗位和身份如何变化，我都始终保持高度的工作热情，将岗位的需求视为自己的需求，自觉与岗位形成“命运共同体”，将实现自我价值的过程与单位的发展过程紧紧相连。

党和人民的事业是靠艰苦奋斗不断壮大的，正所谓“不经历风雨，怎么见彩虹”。在从事工作的第二年，我参加了外厂的“保驾”任务，这一年，永远定格在了我们的心中，因为这一年我们经历了从“喜悦”到“沮丧”再到“欢呼”的复杂过程。

“喜悦”是因为我们的科研生产从立项开始，虽然经历了太多的困难挫折，但在相关单位的通力协助下，解决了一个又一个技术问题和生产难题，终于能开始试验。

“沮丧”是因为试验失败，这对我们来说是一个沉重的打击。我们所有“保驾”人员夜以继日查找可能出现的问题。最终，在上级的统一指挥和组织下，明确了造成失败的主要原因，并制定了解决问题的方案和相应措施。

最终，我们“欢呼”着庆祝第二次试验取得成功。

正是因为参加了这次任务后，我清醒地认识到我们科研生产工作必须做到严慎细实，航天产品的“零缺陷”“零疑点”“零故障”是我们必须追求的工作目标。只有这样，我们才能生产出高质量的产品，才能立于不败之地。

不忘初心、牢记使命。作为共产党员，要在工作中始终保持一颗进取的心，要融入生产、勇于创新、追求卓越、再攀高峰。

按照国家相关标准，液压泵机械密封部位油液渗漏率允许达到每小时 3 毫升，但我们公司某型号液压泵由于使用要求特殊，要求更为严苛，因此在生产过程中常常出现达不到技术要求的情况。

为解决这个问题，我积极组织相关同志成立技术攻关小组，反复推算最终的优化方案，得到了大家的认可。

与此同时，我们创新精细研磨工艺方法，提高了渗漏处机械密封零件的配合精度，从根本上解决了该型液压泵机械密封渗漏油的问题，其密封质量处于国内行业领先水平。

在党组织的教育和同事们的支持下，我成长为特级技师，航天科工首席技师；荣获过“航天技术能手”“江苏省有突出贡献的高级技术专家”“江苏省中青年专家”“全国五一劳动奖章”“江苏大工匠”“全国优秀共产党员”等荣誉称号，还荣获

“中华技能大奖”“航天基金奖”“国务院政府特殊津贴”。2017年，我光荣当选党的十九大代表，既实现了个人价值，也为南京晨光增添了光彩。

日子一天天过去，一路走来，一路感激。建党百年，风雨兼程。我的经历只是南京晨光发展中一个小小的缩影。

我国航天事业的发展为我个人的成长搭建了广阔的平台，我用自己的执着与热情在这片热土上学到了很多，收获了很多。

面对百年未有之大变局，我们将迎来更多的挑战，我也将继续继承革命精神，发扬光荣传统，为我国航天事业添砖加瓦。

成长的故事

李立国

在中国共产党建党100周年来临之际，我作为80后，一名30多岁的青年党员干部，感到思绪万千。

记得上小学时，我参加歌咏比赛唱的第一首歌就是《没有共产党就没有新中国》，作为一个懵懂的少年，我只感觉词调激情昂扬，唱起来热血澎湃。

后来，我慢慢懂得了，歌曲的每个词语，每个句子，甚至每一个音调，都书写了曲折历史，谱写了苦难辉煌。

解放战争时期，我的家乡河北邯郸涉县是八路军129师司令部和晋冀鲁豫边区政府所在地。邯郸长大的孩子，从小学到高中，每年都要到红色教育基地接受爱国主义教育。大学毕业后，我加入了中国航天科工航天建设所属中航天公司。

从工作的第一天开始，我就默默定下了自己的职业规划，踏踏实实从一名技术员开始，一步一个脚印做好自己的工作，坚定信念，用奋斗实现人生价值。

记得刚到单位时，我参加的第一个项目就在山西长治，每次从项目回北京，都要换乘几次长途大巴，然后再坐K字头的红白火车。一些新同事不理解，好不容易入职北京企业，上班不到1个月怎么就被“发配边疆”了。于是，有些小伙伴见习期都没过就辞职了。但我珍惜每一个锻炼自己的机会，作为一名技术员跑现场、研究图纸、查规范、做记录，为了给项目做好施工质量把控，每天都会认真反复检查。

在长治，我所在的项目共有 3 栋建筑，每栋都有 30 多层，从项目开工到交付使用，光球鞋我就穿坏了八九双，我经常跟人开玩笑说："我闭着眼睛都能把这几个楼转一遍。"

从长治项目回京后，我依然坚守施工项目一线，在科技创新上也有了多项突破和成绩。坚持与奋斗，让我快速成长。

2015 年，公司承建的北戴河某项目开工，我被派到项目指导技术工作。该项目施工任务重。从一开工，我们项目里的所有人员就上紧了弦。

技术工作可以说是工程施工的作战指挥，需要对项目的实施方案、进度、安全、质量等各方面进行把控。万事开头难，因为对施工环境不熟悉、对建设单位工作方式不清楚，项目开始时，我没少"碰钉子、吃苦头"。这我怎么能甘心呢？遇到硬骨头，也要把它啃下来。既然常规工作方式在这里不适用，那我就转变工作理念，创新管理思路。

改革创新，需要勤于探索、勇于实践，更需要踏实肯干的毅力。建设单位领导忙、会议多，项目部报的方案时常得不到及时回复，这样难免会影响施工进度。为此，我摸清了建设单位领导的上班时间，每天在领导上班之前候在办公室门口"堵门"，弄得领导都"怕"了我。但是，事情也因此得到顺利解决，施工现场的工作也得以顺利开展。

项目采用的楼内装饰材料较多，而且每样材料都需要建设单位领导进行样品确认，然后才能加工订货。一些特制的材料加工周期很长，继续这样的流程势必影响施工进度。为了使拿出的样品能让建设单位领导一次性确认，琢磨好疗养院的“口味”可是个大学问。我们利用一切时间，转遍了项目已有的 200 多栋建筑，做好档次划分，后续又跟着材料员到建材市场亲自挑选材料，大大提高了样品的通过率。

我始终认为，踏实做好项目是对业主最好的服务。项目期间，因为一次意外，我的左腿膝盖受伤，为了不影响项目的顺利交付，我拄着双拐在施工现场“督战”。因为在施工过程中，很多材料都比较贵重，为了避免工人弄坏、弄丢，造成财产损失，影响工期，在贵重材料施工中，我必须得到场亲自盯着。

习近平总书记说：“现在，青春是用来奋斗的；将来，青春是用来回忆的。”珍惜韶华，潜心读书，敏于求知，才能无愧于时代赋予青年的责任，无愧于绚烂美好的青春。这正是一个年轻人应该有的初心。

每一个人的成长不是偶然的，与集体的培养、组织的关怀是密不可分的。我能从一个普通的技术员成长为项目负责人，成为公司的中层干部，是因为中航天公司给了我一个展现自我的人生舞台，而剩下的，就需要我自身不懈奋斗，只有奋斗才能换来幸福。

2018 年 12 月，我正式加入中国共产党，这是组织上对我的信任，我也深感自己肩上的责任更大了，更坚定了自己的事业梦想。艰苦奋斗是我不变的初心，我将继续做好新项目的技术总工，带好项目上的新员工。在岗成才、实干圆梦，我们都是追梦人。